疯狂阅读

◆

年度特辑 3

◆

成长书

十七岁的纸飞机，
逆着光飞进了谁的梦里，
我们奔跑，欢笑，不知疲倦，
薄荷味的青春里，
一身骄傲与倔强，
长风浩荡，野草连了天。

主编 杜志建

漓江出版社
·桂林·

图书在版编目（CIP）数据

疯狂阅读．年度特辑．3 / 杜志建主编．-- 桂林：漓江出版社，2023.12
ISBN 978-7-5407-9661-7

Ⅰ．①疯… Ⅱ．①杜… Ⅲ．①阅读课 – 中学 – 教学参考资料 Ⅳ．① G634.333

中国国家版本馆 CIP 数据核字（2024）第 005775 号

疯狂阅读·年度特辑·3

FENGKUANG YUEDU · NIANDU TEJI · 3

杜志建　主编

出 版 人　刘迪才
出版统筹　文龙玉
责任编辑　魏志明
助理编辑　陈思涵
书籍设计　马俊洁
封面绘图　猫矮 – Maoi
责任监印　黄菲菲

出版发行　漓江出版社有限公司
社　　址　广西桂林市南环路 22 号
邮　　编　541002
发行电话　010-85891290　0773-2582200
邮购热线　0773-2582200
网　　址　www.lijiangbooks.com
微信公众号　lijiangpress

印　　制　河南新华印刷集团有限公司
开　　本　787 mm × 1092 mm　1/16
印　　张　10
字　　数　280 千字
版　　次　2024 年 1 月第 1 版
印　　次　2024 年 1 月第 1 次印刷
书　　号　ISBN 978-7-5407-9661-7
定　　价　22.80 元

声明

基于对知识和创作的尊重，本书向所选文章、图片的作者给予补贴。因条件所限未能及时联系的作者，我们在此深表歉意，当您看到本书时，请与我们联系，以便我们向您支付补贴和赠送样书。因篇幅有限，部分文章有删节，敬请谅解。

联系方式：0371-68698015

目 录

contents

喜欢的少年明媚如光

你总要相信，浩瀚星空，茫茫人海，总有一个人，会一直等着你，而那个会一直等你的人，才是今生会在一起的人。

遇见风吹日落的温柔

我们之间有了一些空白格，在未来的岁月中不会被提起，只是留给我自己。

后来你被我写在诗里

鲤鱼深红，游荡西东。白鹤成行，飞过苍松。月亮啊月亮，请记得抚慰情人，抚慰他疲惫的梦。

我的心里住了一轮月亮

世界上一定会有好多这样的人，他们因坚持、不问得失而心生诗意，而她的人生也需要这样一种诗意去迎接困难和挑战。

躲在梦与季节的深处

在这样充满矛盾和犹豫的夏日里做出清爽冷静的决策太难了，于是每一次尝试都充满意义。

有未曾见过的山与海

就算有一天你厌倦了漂泊，我也会变成不再垂涎自由的鸟，在你的笼子里陪着你衰老。

喜欢的少年明媚如光

似星星灯塔，他眉眼闪耀

✽稔 荷

如果说每个人的青春里都会藏有秘密，那么，这一定是埋在内心最深处，最不愿公之于众，却最令人骄傲的秘密。

九月的蝉鸣像要把炙热的天空喊出一个窟窿。

我背着沉甸甸的书包踏进新学校的高四的教室，除去燥热烦闷，也只剩绝望。对于一个没有什么梦想可言的人来说，对我满心期待的父母替我做出复读的选择，就像替我在人生中本就有的枷锁里又套了一个。

偏偏，推门进教室抬头的一瞬间，我看见了擦黑板的姜承球。

他生得好看，长睫毛挂在大眼睛上像蝴蝶扑上去采露似的。

我有刹那间看蒙，漫画脸竟真实存在。他却美得不自知，咧嘴朝我一笑，小虎牙洁白又明耀。

“新来的吗？我叫姜承球，今年第三次高考，请多指教！”

这是一种什么样的感觉呢，好像周围沉闷的空气突然全都变成了柠檬混合着马鞭草的清香。他的笑容挡开了教室外的所有酷热。

我虽然有瞬间的看痴，但心中对于复读生为何会有这样好的心态却充满了诧异，抑或，是对于他这个人的好奇。

在那个枯燥愁闷、度日如年的高四生涯里，因为他多出来的美好滤镜，绝望又美丽。

再后来，本就外向的我更是开始找各式各样的理由接近他，问东问西后，才清楚他和本就是吊车尾的我不同，他一直成绩优异，一次次高考失利不过也是因为每一次都没考入自己梦想的殿堂不愿退而求其次。

我不懂他对于梦想的执念与追求，但心中有只小鹿却一次又一次在跟他谈话间跳出，撞东撞西，撞得我脑子一抽，竟为了拉近与他之间的距离而满口大话地说自己也是失利，立志考不上师范，高中永不完结。

他被我坚毅的表情逗笑，开玩笑似的打趣："不过是师范而已，不会太辛苦啦。"

瞧瞧，多么轻松的一句话，可我听见心里就好像一块巨石压了下来，甚至有些喘不过气。其实对于师范学校的认知，也不过是因为高三时同班的女生考上了师范，她兴奋得恨不得让全世界都知道这个消息，连带着，我就成了全世界里的其中之一。

可如今真正知道，还是因为他这随口一句而去仔细搜索。

我这才知道师范学校那么多，多到考不上本科也可以选择学校里的专科。不单本科专科多，专业也多，多到一个大脑里从前只有漫画游戏的我竟开始细细研究到无从选择。

可惜，选择事小，成绩事大。

第一次摸底考试我就露了底，要死要活地考也不过拿了个垫底的成绩，这个成绩对于考上师范本科来说简直是天方夜谭，难上加难。

倒是姜承球，趁我来不及捂住试卷就先一步开了口："噫，琪琪，你考试睡觉了吗？后面一大半都没写，卷子上还有口水印呢。"

我连忙捂住考试卷往书桌里塞。有点别扭又不开心地嘀咕："你眼睛长我卷子里了吗？口水印都看得到？"

他也不恼，傻兮兮笑。可能他笑得实在太灿烂，我反而有点恼羞成怒。

"咯咯咯，咯咯咯，母鸡下蛋呢？"

"哈哈哈，你少嘴贫了，我帮你补课吧。"

我被他这句话打断。卡在嗓子眼里预备的一大段台词都硬生生憋了回去，他倒是一脸认真，眼睛直勾勾看着我，像等待我回应，又像是鼓舞我前行。

待我呆呆地点了头，他才满脸欣慰回了座位。

他果真开始上心地给我加强本就魔鬼的高四里更上一层楼的魔鬼培训。模拟卷、练习册、备考题，成套的卷子下来我昏头昏脑已经到了跑到眼镜店里配镜框的地步。

我变成了从前自己坚决排斥的四眼妹样子，可每次看到他耐心为我解析答案的样子却又甘之如饴不受控制。

为了和他多一点相处，我竟把自己逼到吃饭时我妈说一句四川我就立马报出地理上四川所处的纬度，我爸说一句武则天我就运用历史知识开始解析女皇的无字碑的地步。

家里人觉得我是不是脑子开了光，我却暗暗自喜，第二天对姜承琭的称呼也改成了“高人琭”。

他一头雾水，我却暗自欢喜。

随着黑板前的倒计时越来越近，我的成绩也涨势喜人。

可人生就是有时欢喜有时忧。“五一”时，我约了姜承琭去肯德基蹭空调做卷子，他如约到了，身边却多了个和他那漫画脸十分匹配的少女脸。

我觉得心里突然多了个窟窿，直到他笑嘻嘻介绍道：“这是我青梅，确切地说现在要叫她一声大三学姐。她可是文科霸主。琪琪，抓紧机会不懂就问。机不可失！”

我看着那女生充满笑意的眼眸和线条温柔的五官，这才明白明明理科很好的他为什么坚持学文科，又为什么非某所学校不可。

我觉得心里的窟窿越来越大，窟窿被洪水肆无忌惮拍打，冲得人快要溺水而亡。

可好笑的是，对方又温柔又可爱，指导文言文时都能列出通俗好记的梗来比喻。我没有比就先输得丢盔弃甲。

告别后终于忍不住痛哭。

这一年是我有史以来最努力的一年，偏偏我追逐的结局却少了最重要的角色。他不过一时心善，我却为自己加戏。

我知道这一切归根结底都怪自己，可所有的不甘与委屈我也只能宣泄在模拟卷里。

那半个月里，父母觉得我疯了，我没日没夜地做题，做得他们甚至都害怕。可我只有在这些熟悉的习题里，才能找到属于我和他之间零星的记忆。

高考结束，我果真像一年前我随口戏谑的一句那样被师范录取。

所有人都为我欢呼雀跃，可我拿着录取通知书，想到的只有他那双永远闪着光的眼睛。

我知道，他已经成为我青春里不可告人的情愫，但我不知，这份心意会伴随我走多远才可以泯灭掉。在那个枯燥愁闷、度日如年的高四生涯里，因为他多出来的美好滤镜，绝望又美丽。

姜承琭，我知道，有些事情不说要比说了好很多。

我亦知道，至此我们的路很难再有交集了。

但我一定要说的是，这一年，所有因为你而做的事情，都一定是我最正确的决定和深藏内心的秘密，它们藏在考卷里、习题册里，还有，捏在手里的这张通知书里。

怪兽的隐匿

那些自以为的不堪与悲欢，恰恰是一幕好看的戏剧。我们何其有幸，成为它的主角。

✲淡蓝蓝蓝

十年前，我一个人旅行到包头，在一个很破旧的煤炭宾馆遇见晰敏。她穿了一件白色的背心，在公用浴室里弯着腰洗头发。我经过的时候，她向旁边侧了侧身，跟我打招呼。我转头，看见她湿漉漉的长发里露出的笑脸，明亮得像一颗珍珠。

不知道为什么，纵使回忆蒙了尘，我也总记得与她初见的那一幕。

旅行中的姑娘，很快就熟络起来。当天晚上，我们俩手挽手逛遍了附近一条街的夜市。然后，坐在夏夜的小烧烤摊子前，吃最正宗的羊肉串，谈天说地。她给我倒了一杯啤酒，我第一次喝酒，味道又苦又涩。她一伸手，我便看见她雪白手腕上的一道道红褐色疤痕，触目惊心。

七月的夜晚，从草原吹过来的风凉凉的。在陌生的城市街头，灯光昏暗，月亮忽隐忽现，却没有人觉得害怕。她开始讲故事，关于一个女孩子苦苦爱恋一个男孩子的故事。现在回头想想，会觉得那故事多平常啊，爱得用力却又爱而不得，也许大多数人都曾经历过。但对于那个时候的我们来说，仿佛天都要塌了。

她没有细数每一道伤疤背后的细节，但所有的疤痕都和一个男孩子的名字有关。她讲着讲着开始哭，后来忍也忍不住，就坐在马路边号啕起来。

我眼圈红着，抬头看夜空，月亮不说话。

出来旅行的二十岁女孩，单纯地想要看世界的不乏其人，但总有一部分是被情绪驱使，漫无目的，只是想寻找情感的出口。晰敏就是这一种人。

她走了很多地方，她的背包都破了一个大大的口子，可是她还是动不动就会心里疼得哭起来。

我们是在响沙湾告别的，我搭了一辆去呼和浩特的旅行大巴，她背着那只破了的包冲我挥手，背后是漫漫黄沙。

那个晚上我对她说："你不要再伤害自己了。"

她下意识地捂着自己的手腕，说："那种情绪就像一只怪兽，我控制不住它。"

是的，情绪原本就是一只怪兽。

起初，它童稚未消，及至我们开始拥有欲望，它也渐渐苏醒。它在青春期已经开始不受操控，等到爱恨相生的年纪，它更是反过来喧宾夺主。

怪兽凶猛，多少人被它左右得失了本心，更有人因它丢了性命。

而我们每个人，在青春的某个阶段，都曾与那怪兽对峙，也大多败下阵来。

十年后，我在一个网站的编辑栏里看见晰敏的名字，尝试着联系了一下，竟然真的是她。她发过来一张近照给我看，依然是笑着，笑容恬淡宁静，怎么看，都没有了最初的光华。

有一次，我们聊到她在做的网络话题——如果可以回到过去，你最想去看看哪一年的自己？

她说她要回到我遇见她的那一年，那一年她过得太狼狈，失恋、自我伤害、漫无目的地流浪。在和我告别之后，她在下一个城市出了车祸，摘掉了脾脏。

"那一年，我做尽了傻事。我手腕的疤痕，怎么都不能彻底消除，就像青春留给我的羞耻记号。如果可以回去，我要告诉自己，理智一点，洒脱一点，不过是一场失恋，要整理好情绪，让自己变得更好，等待未来那个更好的爱人。"

她这些话说得真是理智又淡定。

可是二十岁的我们，谁又能有这种瞬间平定情绪的智慧呢？

那天她把问题扔给我："你呢？你最想去哪一年？"

我很少回忆，但不代表那些过往不复存在，那些过往里，有太多的不完美，有一个又一个糟糕的我。有窘迫、失态、浅薄的我，有丑陋、狰狞、暴躁的我，我都想一一抹去痕迹。

关于晰敏的提问，我想了很久，直到从一个浅浅的梦境里醒来，心里浮现出答案。我最想回到的，也是遇见晰敏那一年。

那一年，我被心里的怪兽折磨着，离开他。

他不是恋人，而是朋友。但怪兽蛊惑了我，我那么想要把他变成恋人。那段时期，我变得不再像自己，烦恼丛生，也给对方带去困扰。我也把自己放逐了一段时间，像晰敏一样，天南海北地游，带着我的情绪怪兽，无处归依。

旅行结束后，我并没有找到出口。我害怕被怪兽伤害，而率先伤害了他。

那一年，我们的友情走到尽头。我在他的世界里消失，不复联络。后来我才知道，其实，他在我心里是最合适、最契合的朋友。如果可以回去，我想降伏那头怪兽，把心里那种似是而非的感情消解掉，让友情的岁月留得长长久久。

我这样想着，痴痴一笑，清醒过来。

人生啊，哪有岁月可回头。

如今的晰敏与如今的我，变成了理性操控感性的成年人。不会再肆意哭笑，不会再有情绪失控的时刻，不会再被怪兽折磨。天大的事儿，我们都会从容地担起来。不是因为学会忍耐，而是终于懂得豁达与看淡，对自己，对他人。

二十几岁的妹妹和男朋友吵架，哭红了眼睛，向往我的平和心境。

而这份心境又有什么好向往的呢？你一步一步地走，走过沟壑丛林，总有一天，你也会走到这个阶段，怪兽隐匿，悲喜平常。

可是这样一个平静的自己，却又不由得怀念那一年在月亮底下号啕大哭的我们，怀念情绪的张扬起伏，怀念爱恨的酣畅淋漓。

当生活平淡，对过往的热爱反而漫溢。那些自以为的不堪与悲欢，恰恰是一幕好看的戏剧。我们何其有幸，成为它的主角。

所以，不必抱怨与懊恼。每一段过去都是最真实的人生，每一段有怪兽陪伴的路途都并不是那么糟糕。回过头，我深爱每一个不完美的自己，我同样深爱着那只让我不知所措的小怪兽。

你的疼、你的伤、你的愚蠢笨拙、你的尴尬莽撞，它们从来都不该是耻辱，而恰恰是你风尘仆仆留在身后的漫天星辉。

明日

✲姚 瑶

雪花一团一团落下来的时候，我正和大成坐在东江港脏兮兮的沙滩上，专心致志吃冰激凌。我们都不说话，大海轰鸣的声音，遥远又寂寞。不远处有重型轮船进港，在铅灰色的天空下，我说，大成，我很想哭。

起初我们没有察觉，后来一口咬下去，香草奶油有了冬雪的味道，才发现彼此的身上，都覆盖了一层精致的雪。

"我们都坐在这里不动，会不会第二天变成雪人？"

"那你就是哭的雪人，我是笑的雪人。"

"……"

"码头那边好像很热闹。"

"哦。"

我不喜欢码头，也不喜欢轮船，那不是个好地方。那是通往世界的入口。一朵又一朵海浪，轻而易举，分割时空，让音信杳渺，容颜模糊。

我喜欢做一些与季节逆反的事情，比如冬天吃冰激凌，光腿穿雪地靴，去刺骨的海水里游泳，三伏天连吃一个星期火锅，空调开暖风把身体里的水分一点点蒸干。这些矫情又不可理喻的事情，都要和大成一起做，他总说我在过爸爸的季节，我绝不承认。甚至和他在一起的时间，多过同爸爸在一起，对他的了解，多过对爸爸的了解，他是我最喜欢的男孩子，没有之一。

你总要相信，浩瀚星空，茫茫人海，总有一个人，会一直，等着你，而那个会一直等你的人，才是今生会在一起的人。

“你最崇拜的人是谁？”

“……没有……”

“你最喜欢的人是谁？”

“妈妈。”

“还有呢？”

“还有……大成。”

一路长大，一路被不同老师用同一个问题困扰，我在他们面前对大成告白了无数次，只是他从来不知道。而我知道，在他们的心里都有一个标准答案，我最崇拜的人应该是爸爸，最喜欢的人也应该是爸爸，因为他是极地科考船工程师，被称为对祖国有贡献的科学家，他得过的先进比我见到他的次数还要多。

但是我不喜欢他，因为我和他不熟，你会喜欢一个和你不熟的人吗？每一次，他回到家，总要问我几岁了，上几年级，乐此不疲，我都是哼一声去找大成哭，问他你爸爸也是这样吗。每一次他都说也是这样，但后来我知道，他是骗我的。

并且，人生中第一次觉得丢脸，也是因为，爸爸。

可能是一个月，也可能是一个季节过去，风的方向也改变，衣服添一件，再减一件，邮递员会突然送来一捆信件，一百多封，全都写着妈妈和我的名字。

小时候，妈妈一封信一封信，当作睡前故事念给我听。而那些信里，也真的有很多很多故事，都是王子公主的童话，被写在信纸上，装在粗糙的牛皮纸信封里。而后我信心满满地在公开课上讲述我听过的故事，英俊王子的灵魂被困于魔镜，落入恶毒王后手中，他爱上善良的白雪公主。森林里的七个小矮人也是被施了咒语的骑士，最终他们将王后骗入林中木屋，白雪公主给她吃下有魔力的苹果，驱赶她邪恶的灵魂，也驱散她恶毒的魔咒，她变成了最善良的继母，所有人快乐地生活在一起。

“不对不对不对！”全班哄堂大笑，连听课的老师也忍不住笑着拍手，语文老师面色尴尬，黑着脸让我坐下。自习课我躲在操场的角落偷偷哭，只有大成没有笑我，蹲在旁边看我哭，我哭了半节课还是停不下来，他说“你等我一下”，跑开又再跑回来，手里拿了一本从阅览室借来的《格林童话》：“你看看这个，但是，我更喜欢你讲的故事。”

那天晚上，我一口气把《格林童话》看完，觉得自己被骗了，里面的每一个故事都和我听到的一样，又不一样。我哭着去问妈妈，她只是笑，说：“傻瓜，那是你爸爸写的童话，他每天在船上，白天很忙，很累，很脏，晚上坐在甲板上想念我们，每晚写一个故事，然后投进船上的邮箱，可是只有经过有陆地的地方，才能把信寄出来，那是他写给你的，独一无二的童话。”

随同这些故事而来的，还有南半球星空的照片，字迹歪斜的日志，海上日出的铅笔速写，漫长的极昼与想念。他细致地描述科考船上的音乐会、篮球赛，鲜有人去的世界尽头，描绘科考船上一个独立又特别的社会，可是在隐约知道有种概念叫爱情的年纪里，我不明白一个一去就是大半年，杳无音信，有时休息不上十几天就要再度起航，去为全人类做贡献的男人，到底能给妈妈怎样的爱情？

连童话故事的结局，都是王子公主幸福地生活在一起，不是吗，生活，在一起。

他像历经艰险的奥德修斯，在海洋上遇到最美的景致与最致命的危险，他是别人眼中的英雄，而英雄，只存在于遥远的史诗与一千零一夜的神话中。

所以邻居家的大成就好像是我们家里唯一的“男人”。我们一起上学，一起放学，一起吃饭，一起睡午觉。我会在他的脸上画乌龟，往他微微张开的嘴巴里挤牙膏，或者偷偷给他换上我的袜子，让他脚踝边挂着蕾丝花边去踢球被嘲笑。但他还是会和我一起睡午觉，妈妈打发我去买的油盐酱醋也都是他飞快跑去买的，我坐在巷子口吃冰棍喝奶茶。

我不明白老师们为什么都那么热衷让我写有关爸爸的作文，也总在班会课上让我分享，除了那些写给妈妈的信和编给我的故事，我根本不知道可以写什么。他有多高，手掌有多宽，喜欢喝什么酒，是不是懒得洗澡，我统统不知道。于是大成就一篇一篇帮我写，写得道貌岸然，又大公无私，里面充满了“理想”“抱负”之类的词，总让老师们很满意。

而我总是在大成的自行车后座上，反复问他，你也崇拜我爸爸吗？你喜欢他吗？

喜欢。

为什么？我喜欢班长的爸爸，他是银行高管，每天可以开车接他回家，带他吃必胜客。我喜欢班花的爸爸，他是电视台主播，每天都可以在电视上看到。我也喜欢你的爸爸，是优哉游哉的公务员，到点儿下班，还会做好吃的大螃蟹！

可是你的爸爸，很爱你们。

这类对话总是一再重复，就像每天放学经过的海河，一成不变，迎着夕阳，还有晃眼的倒影，细碎的光，在小腿边淌过去。每当大成这样说，我就会沉默，对这个形而上的结论嗤之以鼻，但是次日还要再让他说出来。

一直到高中，我们都在同一个班。我的物理极烂，在分科前一天，我和大成坐在海河边看人钓鱼，我哭了很长时间，第二天选择学理科。可是大成只是笑，每次我哭的时候，他都拍着我的脑袋，笑得阳光灿烂。

有些人，他属于你，可你从不觉得会拥有。比如妈妈爱的那个男人。

而有些人，他不属于你，可你从未想过有分离。比如我喜欢的这个男孩。

天渐渐黑下来，我们背起书包，拍拍屁股站起来，冲着和沙滩一样脏兮兮的渤海湾伸了个懒腰，转身要回家。

其实看到爸爸在身后，我一点也不惊讶。

每一次回家来，他都会先来沙滩上走一走，静静看大海。有时他会从广州回来，有时是上海，还有些时候，船会沿着长江入海口，逆流而上，去往内陆沿江地带。他总要再转飞机或者火车回家来。回到他第一次离开家的港口，抽一根烟。烟头小心地掐灭，包在纸里，离开港口再扔掉。

妈妈做好一桌子饭菜等他进门，可是

我很别扭，吃饭的时候有他，睡醒的时候有他，回家的时候还有他，是一种浑身的不自在。

这是第一次，他的科考船在天津港靠岸，他可以穿越热闹的围观人群，远离媒体记者，在落下初雪的冬日傍晚，安安静静地回家。

大成的脸上有识破我心思又不想说破的笑容，他掸了掸我头发上薄薄的一层雪花，费力地从沙子里拉起单车，礼貌地说了一声“叔叔好”，骑上车子，在越来越密集的雪花里，离开了。

“我们去吃面。”爸爸笑了笑，把烟头包起来，揣进口袋。

我不知道该怎样解释自己阴暗的小心脏里跳动的那么多复杂情绪，讨厌他，亲近他，好奇他，疏远他，但还是乖乖地跟着他，去了一家面馆。

“你妈妈以前总在这里吃面，现在牛肉比以前少了。只有这几片。”

“妈妈做饭了。”

“爸爸饭量大。刚才那个男孩子，是隔壁大成吗？一年一年你们都长得飞快，不天天看照片都怕认不出。你是不是喜欢他？”

我愣了一下，不留神醋就放多了。

爸爸笑了笑，胡须拉碴，鬓角还掺杂有白发，他把我的碗挪到自己面前，把自己拌好的面给我。我想起每次我和大成一起吃馄饨，我都会把吃剩下的一碗烂馄饨皮推到他面前，大声说，哎呀，你吃东西真恶心！

“不要担心，我不会告诉妈妈的。他对你好不好，不好爸爸去修理他。”

我不说话，低头吃面。和活了十五年只见过十五次，相处时间加起来不超过一千个日夜的爸爸讨论这个问题，是不是有点不合时宜？

“看来还没有捅破窗户纸。这年头的男孩子，都不太主动，女孩子主动一点也没什么。如果觉得他好，就告诉他，以后可以一起去上大学。有些度自己把握一下就好，但是，把握住自己喜欢的人和事情，更重要。”

爸爸一点一点把话说出来的腔调，很像他写来的每一封信。小时候妈妈给我读，后来我会自己去看。一面看一面腹诽一面“切”，再嫌弃地丢回去，可是好多句子，却记在了心里。

“只有海水，一天又一天，一夜又一夜的海水，即使会在这里永远睡去，也不会害怕。”

“真希望你们也在我身边，天空里有南十字星。”

“我远离地面和热闹人群太久，但是因为你们，我有勇气重返社会。”

“南极是无法被想象的。寒冷是无法被想象的。最美的风景，永远不在人的头脑里。”

吃完面，爸爸扔给我口香糖，而后若无其事地回家，我借口作业多，钻回房间，但是爸爸好像一直和妈妈吃饭聊天到很晚，如他所说，他很能吃，第二顿饭也吃得仿佛饿了好几天。隔着一扇门，我抱着膝盖，坐在木地板上，像以前每一个他回家来的夜晚，在一盏台灯的幽微光芒里，听他讲述海洋的深情与绝望。

而这一次，他也一样，十五天之后，再度起航。他保证说下一次再回来，一定争取休息半年，妈妈半开玩笑地说，等你休息了，女儿已经离开家，去读大学，去工作，去嫁人。

可是我背靠冰凉的门，想的是，妈妈

已经不是和他去面馆约会的少女，不是等待丈夫的少妇，她正一天天老去。

我从没有看见她哭过，她说起爸爸来，总是眉开眼笑，我总是和大成猛烈抨击这种看起来道德又高尚的婚姻，大成依旧是笑，像隔了一层雾霾的太阳，笑得朦胧温暖，他说那你想要什么样的爱情。

在身边。不离不弃。触手可及。没有陆地与海洋的距离，要看到一样的星空，感受一样的风，在同样的季节，穿一样多的衣服。

他还是笑，低下头，看海河的水，把冰激凌的包装纸撕开给我。

“喜欢就告诉他，和他考一样的大学，没有什么不好意思。”爸爸临行前，突然弯腰凑在我耳边，说得郑重其事。

妈妈说你们什么时候变得有悄悄话可讲，爸爸只是眨眨眼。

那一天，码头如他回来时一样热闹，有人拉横幅欢送，有记者做现场连线，而我，还是和大成一起坐在沙滩上，吃冰激凌。什么也没有说。

从不识字的孩童，到不着调的少年，他是我的，我不需要像爸爸说的那样，使劲去表白。不是吗?

半年之后迎来高考，我们说好去北京，我们说好去留学，他说我们一起去看看你爸爸看过的，更广阔的世界，结果我却还是因为理科太差，留在了天津，读一个勉强收理科生的新闻专业。

连高考都是大成骑车送我去考场，挥手再见，再去自己的考点。如果你要问我哪个男人更重要，显然我会把大成排在爸爸前面。

每周末我回家一次，如果有爸爸的信，妈妈会像孩子般雀跃，曾经我以为她会在对一个男人无用的等待中一点点老去，为此我躲在屋里哭，拖着浓重鼻音给大成打电话，但是现在，我却忽然觉得，她没有老，而是在一点点变小。

我知道爸爸到了澳大利亚，我知道破冰船要开始在极昼里艰苦作业，但是他却不知道我的高考成绩，不知道我在哪里读书，不知道我喜欢的男孩子去了北京，也同样每周回来，还是和我一起，大冬天里下海游泳，坐在海河边吃冰激凌，光着腿穿背心深夜里跑上十公里，不知道这个男孩子给我买车票，在北京站等我，带我去南锣鼓巷喝酒通宵，借同学的单车，从西三环骑到798艺术区，在小胡同里抽烟，像爸爸一样，把烟蒂包好，丢进遇到的第一个垃圾桶。

可是大一下学期，我在非线编辑室为了剪片子靠咖啡熬过第三个通宵时，大成给我打电话，说他要去美国交流。

那时候我脑袋里蹦出了一个小人，长着爸爸的脸，双手叉腰，瞪着我说，你还在等什么!

他说对不起，不能在身边照顾你，等我回来，好好学习。我想成为像你爸爸那样的男人。

我不去送你。

嗯。

挂了电话，我一个人去了东江港，在燥热的暑气里，坐在满是垃圾的海边，放声大哭，要是我听了爸爸的话，从高中起就告诉他我们永远不分开，结果会不会不同。

这个夏天，大成去了大洋彼岸，有时我站在海边，觉得自己可以越过苍茫大海，看到美国东海岸。

这个夏天，爸爸再度回来，这头发半白、军人出身的老工程师，有了长达一年的休假机会。

这个夏天，我在家过暑假，所以爸爸很快就发现了大成的消失。但是他什么也没说。傍晚带我去海河钓鱼，周末全家去郊区烧烤，开车去承德避暑山庄，妈妈说不如直接去北京，爸爸摆了摆手，不好玩。

这种默默的体贴只会让我觉得可恶。所以再开学，我不再每周都回家。因为时差，和大成聊天也没有那么多，他说学习很忙，语言要恶补，活动很多。偶尔收到他与同学一起去美国各地旅游的照片，还有盖着奇形怪状邮戳的明信片。

直到又一个学期结束，他破天荒给我打了一次国际长途，说，其实，在国外很寂寞，没有文化认同感，我没有抵抗住寂寞，我有了女朋友，我们一起住，这样每个晚上，才能觉得没有那么孤独。

原来怕孤独的人，不止我一个。原来你也是脆弱的大成。

大成，我想哭。

我挂掉了电话，却没有哭。

后来，大成有女朋友的事穿过了大成家的门，飘进了我家的门，妈妈一直碎碎念，说你看大成，再看你呢，让你爸给介绍个好的。

可是爸爸却放下自斟自饮的小酒杯，说："我们全家一起去旅行吧。"

"好呀，去哪里？"妈妈还是那个欢呼雀跃的小姑娘，可是我觉得自己的心，一下子就变得不再轻盈，也不再想做那些无聊而叛逆的事情。

"都别问，我来安排。"

就这样，我竟然在开往南极的游轮上，度过了十三天，这是第十四天。

"我以为你对南极深恶痛绝，好不容易要旅行，竟然又来。"

"那是我最熟悉的海水，最熟悉的极昼，最孤独的日日夜夜。我想让你也看一看，虽然没有机会上科考船，但是游轮更舒服。"爸爸说着哈哈笑起来。

在海上的每一个夜晚，最清楚的两样东西，就是星光与心跳。

大口大口呼吸清冷的空气，和爸爸一起躺在甲板上，一个一个数南天星座，孔雀座，剑鱼座……爸爸伸出手去，就知道明天是晴天，还是会多云，知道风从哪里吹来，知道可不可以看到企鹅。

可是我想念的男孩子，却和我，不在一个半球，不在一个季节，看不到同一片星空，也不会再在我哭的时候，露出明眸皓齿的笑容。

爸爸说："你看那么多星星，连成那么多星座，可是它们每一颗之间，都那么遥远，看不见彼此，感受不到彼此，也影响不到彼此，但是它们会被联系起来，成为有关系的两颗星星，这多奇妙。"

"所以呢……"我知道，这是老工程师要开始讲他的人生哲理了。

"这个世界上，没有人理所当然要陪在你身边，也没有人会永远等你……"

"所以我早就说，你和妈妈不是爱情。"

"但是……"

"我最讨厌转折……"

"但是，你总要相信，浩瀚星空，茫茫人海，总有一个人，会一直，等着你，而那个会一直等你的人，才是今生会在一起的人。比如爱人，家人。"

我躺在甲板上，闭上眼睛，随洋流轻轻摇晃。天地有大美而不言，四时有明法而不议，万物有成理而不说。我知道这是爸爸最喜欢的一句话，而我还有好多好多年的时间去懂得。

悲伤的时候请到超市去

✽苏小城

▶▶ 01

我讨厌去超市。

小时候我妈在家附近的一家超市里卖鱼，她熟练地将顾客手里的鱼摔在地上，捡起来开膛破肚，再打包装好。杀一条鱼只需要半分钟，但身上的鱼腥味可能一辈子都消散不了。

当时班上流行分小组做作业，轮到去我家时，我都很想推托，因为家里太小了。后来有人提议说不如去你妈那里吧，无聊的时候还可以看杀鱼。

提议人是孟阳，我也不知道他为何会有这个癖好。他爸每周都会来给他买鱼，他说他爸除了会做鱼便一无是处。但我们都好羡慕有这样的老爸，衬衣永远被熨烫得整整齐齐，说话慢条斯理的，最主要的是会满足他各种各样的要求。

孟阳说："李珍珍，我好羡慕你。"

"羡慕啥？"

"你家是不是每天都有鱼吃啊？"

"你有毛病吧，谁会每天吃鱼。"

"我呀，我愿意每天都吃。"

我给了他一个白眼。我没有告诉任何人，我其实很怕鱼，哪怕我会帮我妈打下手，但我真的很讨厌触摸它们光滑的身体。好几次我都想吐，我更受不了城市大有城市大的好处，你若想要躲着一个人，那么他就永远找不到你。

下班回到家满身的鱼腥味，用香皂洗好几遍手，凑近鼻子一闻，还是很难闻。

后来我离开家乡去外面上大学，我妈也终于从超市的水产区调去了收银台，摸惯了那些沉甸甸的“尸体”，我妈开玩笑说：“钱也没有香到哪里去嘛！”

“那也比鱼好闻！”我没好气地说。

02

大二的暑假，我留在学校做暑期工。工作是帮学校招生，每天到附近的几所高中去发传单，有时候会被保安赶得到处躲。

孟阳比我胆子大，他大摇大摆地走进学校，碰到保安还会递一支烟，先套近乎，后面办事就没那么难了。忘了说，孟阳是为了陪我才留下来的。他说反正回去也要陪他爸妈去山里避暑，又说山里没信号，连游戏都打不了。

招到一个学生，我会分到一百块钱的现金。有时候运气好，一周可以领到几百块。但有时候就没那么走运了，不仅要自掏腰包吃饭坐车，还要陪孟阳去逛超市。

我不知道一个男生为什么那么喜欢逛超市，他会流连于每一个货架，认真比对每一件产品。

后来我们提着满大包的零食进了一家小餐馆，孟阳点了一条清蒸鱼。他吃得津津有味，一边吃还一边催我：“你怎么不吃？”

我笑笑：“我真不喜欢吃鱼啊！”

“天哪，你竟然不吃鱼！”他总是一副大惊小怪的模样。

“天哪”是他的口头禅，好像世上任何只要是他觉得不合理的事情，他都会加一句“天哪”。

我去烫了最近流行的鬈发，孟阳见到我后的第一句话是：“天哪，你好像我家以前养的狮子狗哦！”有一晚，我和室友熬夜看完爱豆演的电视剧，顶着一双黑眼圈的我被他吐槽：“天哪，鬼看到你都会被吓死吧！”

03

毕业后我进了一家卖红酒的公司实习做会计，上班的地方在一个公园的对面，每天早上都可以看到很多大妈去公园锻炼。说来也可笑，我在那里从实习到转正，从未喝过公司的红酒，也从未去过那个公园。

直到公司解散，我才被孟阳拉着去

了那个公园。公园里有一个很大的人工湖，我们坐在湖边的草坪上，我从包里拿出一瓶红酒。他惊呼："天哪，你不会是偷的吧？"

"偷你个头，公司遣散员工的福利。"

他安慰我说："不就是辞职吗，也不用借酒浇愁吧！此处不留爷，自有留爷处，你说是不是？"

"大城市不适合爷，爷只想回老家过点小日子。"我顺着他的话说。

"好啊，那我就陪着爷一起打道回府吧。"

当然最后我们没有一起回去。我觉得我不服输的性格很大一部分来自我妈。八岁的时候，我爸突然就离家出走了。我妈说他去很远很远的城市工作去了，其实我知道，他们离婚了，他在别的城市有了新的家庭。

我跟孟阳不一样，他如果回老家，他妈会托人给他安排一份还不错的工作，或者他爸可以出钱让他做自己喜欢的事。我回去了什么也没有，我难道要跟我妈一样去超市收银？或是重操旧业去卖鱼？

我讨厌超市，讨厌鱼腥味，讨厌那种暗无天日的生活。

我必须拼命在这座城市活下去。我从卖红酒的会计小妹摇身一变成了咖啡馆小妹，甚至还去推销过牙刷。不要笑，就是那种一板十支装，便宜到让你不敢相信的家庭装牙刷。

那半年时间，我身边的朋友都被迫买了很多牙刷。孟阳成了我最大的客户，他们公司的年会上，每个人一个牙刷套装。大家虽然都在翻白眼，但还是都将牙刷带走了，谁家里还不来两三个朋友呢？

为了感谢孟阳的帮助，我请他去吃韩式料理。

"炸鸡配啤酒，金钱大大有。"孟阳和我碰杯。

"泡菜一下肚，没人比我酷。"我当然不服输。

04

牙刷公司是我人生的一个分水岭，可能这样称呼前公司有点像是在骂脏话。但不能否认，从那以后，我对任何困难都无所畏惧了。

新进的一家儿童教育机构刚起步，我除了要做业务，还得管人事，有时候也会去采购一些小礼品来送给小朋友。

孟阳买了车，自然是最合适的人选。他不肯收我的车费，我就请他吃夜宵。他嘴不刁，哪怕是路边摊也吃得心满意足。

有时候看着他狼吞虎咽的样子，我会觉得心疼。他明明可以跟同事一起去吃大餐，却甘愿陪我吃一碗粉。

新年，我们要和小朋友一起表演，我拉来孟阳同我一起唱歌。他一开始拒绝我："我一个外人去不大好吧？"

"连保洁大妈都认识你了，你装什么装！"我知道他唱歌好，想让他为我撑面子。

我们在家里排练《小酒窝》，我五音不全，他就一遍遍耐心地教，我发现他皱眉的时候也有小酒窝。演出那天，我们手拉着手唱完歌，台下的小朋友起哄说："好甜哦，在一起！"

孟阳有点尴尬，看看我，然后说："李珍珍阿姨是我很重要的朋友，你们可不许乱说哦！"他居然还用港台腔，我要吐了，而且谁要当阿姨啊！

我对他来说重要吗？我有时候也会这样问自己。我们从小一起长大，如今还在一座城市，隔三岔五就会找各种理由聚一聚。这样看来，我在他生活里还算是一个重要的角色。

可反过来一想，都这么多年了，如果他真的对我有意思，应该早就会有所表示吧。我们王八瞪绿豆了这么多年，还是什么都没发生，大概我真的只是他的朋友吧。

►► 05

那年生日，孟阳神秘兮兮地把礼物递给我，拆开包装，是一瓶很贵的香水。他笑嘻嘻地说："这可是限量款，我托人在美国买的，很好闻，而且留香特别持久。哪怕你再去超市杀一天的鱼，也不会让你变臭！"

我知道他是开玩笑，但我却高兴不起来。

以前，班上的人都不愿意跟我玩，因为他们总说我身上有一股难闻的味道。但孟阳从没说过，我以为他跟大家都不一样，可原来他也闻得到我身上散发出来的味道。也许不只是鱼腥味，还有骨子里散发出来的那种寒酸和窘迫的味道。

那瓶香水我从未喷过，虽然它很昂贵，可我觉得我不需要。而送我香水的孟阳，我同样不需要。

我不再见他，换了新的公司，也搬了新的住处。城市大有城市大的好处，你若想要躲着一个人，那么他就永远找不到你。

两年后，我陪我妈在老家看房子，回来的路上碰到超市做活动。她拉着我去挑几个柚子，现在正是吃柚子的季节。

我很少去逛超市，日用品可以网购，急需的东西可以去便利店买。超市于我而言，更像是一个伤心之地，那种人潮拥挤、混乱不堪的场面简直就是我不想再回忆起的兵荒马乱的青春。

路过水产区，我妈突然说："以前你们班那个孟阳，总是跟着他爸来买鱼，其实就是想找你玩。后来你们又一起来超市做作业，超市里怎么做作业啊，都混着一起玩了。"

"妈妈，我很怕鱼的，我一点也不喜欢吃鱼。"

"哈，是吗？"我妈也没太惊讶，继续说，"对了，孟阳都结婚了。他之前来过家里几次，我问他有什么事，他支支吾吾又说没啥事，只是路过来看看。我心想这孩子还挺懂事的，好几回想跟你说，但都忘了。"

"没事。"如今也真没我啥事了。

从超市出来，下起了雨，我们被困在门口。音响里正放着《小酒窝》，我妈竟不自觉地跟着唱了起来。我笑她还很潮嘛，她得意地笑："超市经常放的，好听。"

是啊，好听，只是再没有人会跟我一起唱了。

风没吹过，你没来过

✽白 拂

1

那年夏。

我坐火车前往丽江散心，无意间路过一大片油菜花地，花开得很好，满眼都是黄澄澄、金灿灿的，瞧起来刺眼得很。

对面的女孩儿戴着耳机，望着窗外，她瞧着面前金灿灿的一片，眼泪突然就扑簌簌的。

我递了张纸巾："怎么了？"

"没什么，喜欢的人说婺源的油菜花很好看，想想应该是这样子。"

她拿了一页纸，小铅笔寥寥几笔就勾出了这片油菜田的轮廓。

那时候我们还都是高中生，擦肩而过在毕业旅行途中。

2

两年后的冬天。

我走出大学校门买一顶帽子，意外瞧见一个女孩儿蹲在地上哭。

我走过去，她抬起头，可能是看我相对面善的缘故，她搓着衣角很是害羞："不好意思，我迷路了，我……你们学校这里，有没有旅馆，我……"

我皱了皱眉头："怎么又是你？每次见你都在哭。"

她一脸茫然地看着我，她记不得了，那年在火车上的时候她只记得哭，又怎么看得其实这世界上的诸事很小，星际尘埃一般，这世上除了生死，没有一件是大事，更遑论你爱过谁，谁又爱过你。

见我？

我带她去了宿舍，谈了谈才知道她原是来寻找一个男孩子的，她喜欢他，她自高中时就喜欢他，暗恋了那么多年，终于打听到了他的学校，来偷偷看他。好像，她的大学离这里一千多里路，她带着攒下的几百块钱，就这么过来了。

我给她拧了条热毛巾："他喜欢你吗？"

她咬了咬嘴唇，低下头："可能，他会喜欢，他……不知道，我……"

我忽然间便想起两年前她那幅铅笔画的油菜花来。

我的眼睛酸得很："他不会喜欢你。"

"啊？"

我狠狠地搓着手："不会就是不会。"

第二天，我看她去寻那男孩子，又哭着回来，依然还是一个人，果然是被拒绝了。

这姑娘出身全中国最顶尖的学府，生得那样好看，人也乖巧极了，可他就是不会喜欢她。

前段时间学校放寒假，我参加了一场同学聚会，也就是从前高中同学的偶尔小聚。

坐公交车的时候，人很多，很挤，我坐着，大熊站着，脊背挺得笔直，我们之间还隔着好几个人。

下车的时候，我低着头悄悄从他身边走过，他并没有看见我。

站在马路上，我不知道自己为什么还要回头，回头望一眼，发现他在那公交车里频频四顾，和我目光撞上的时候，又很快转往别处。

我忽然间就哭了。

他走到我的面前："怎么了？"

以那样的语气询问，带着说不出感觉的怜惜。

"没什么，小事。"

那天我们去KTV唱歌的时候，我安静地坐在角落里玩手机，打着无聊至极的小游戏。

朋友们笑着过来："你唱一首歌吧，你不是麦霸吗？"

我漫不经心地耸耸肩："戒了。"

朋友扮了一个鬼脸，看看我，又看看大熊，有些尴尬。

3

高中毕业那会儿，大家都还比较土，我们在班里搞什么"文艺汇演"，我就唱了几首歌。

唱S.H.E的《他还是不懂》：他还不懂，还是不懂，离开是想要被挽留……一个拥抱能代替所有。

唱蔡依林的《柠檬草的味道》：我们都没错，只是不适合。

我盯着大熊，很认真地唱："我们都没错，只是不适合。"

他终于听不下去，转身离开了。

"文艺汇演"结束的时候，我下楼，他

恰同我擦肩而过，转而拉住了我的胳膊，我下意识地甩了甩，走开了。

我学习有那么一点点好，可他当时却糟透了，像是传说中的不良少年。

那时候我抱着一本书，站在紫藤萝的花架下，他蹲在地上："你想怎么样？我们根本就不是一路人。"

我想怎么样？其实我不想怎么样，我也不知道我要怎么样。我笑着说："我喜欢你呀，你怎么说？"

他不耐烦地摇头，又愣了愣："我无话可说。"

当时他的回答，我都不知道要怎么接，到最后也没接得下去。

就这样吧。

前些天闺蜜给我打来电话："听说，你有男朋友啦？"

"是啊，有。"

"嗳？乖乖女也谈恋爱啦？"

"我已经是大学生啦，不奇怪的啦。"

电话那头顿了顿，很久之后对我说："其实那天在 KTV，你走得早，后来我们去吃烤肉，大熊他喝醉了，醉得很难看，就趴在地上数烤肉扦子，他数到第二十二根时，突然哭了，说他已经二十二个月没有见到你了，而再见时你已经有男朋友了。"

不可思议，真是不可思议。

我大笑了起来："大熊他会哭？开玩笑，他会为我哭？怎么可能，为我……"

"他是爱你的。"闺蜜打断了我的话。

我闭上眼睛："不关我事。"

如今有男朋友送我玫瑰，我有很多很多的玫瑰，早都容不下了。

那天我恰巧遇上的姑娘从那年的冬季里离开的时候，依然是孤零零的一个人，多像多年前的我，飞蛾扑火，奋不顾身，满心满眼萦绕的都是他，都是"在一起在一起"，不问结局，爱了就是爱了，傻了就是傻了。

她背影瞧起来落寞极了，想也能想到，她是那样优秀，考上了顶尖学府，而他所上的大学只是普普通通的一个，男孩子嘛，到底是有顾忌。

一个男孩子快步追了上去，也不知道是不是在追她。

我转过身去，不忍回看。

我不知道我是该在别人的痛苦里拍手称快，还是在他人的幸福里默默流泪。

很多年后，我才慢慢弄清楚，其实所谓爱情，原本就是掺了许多杂质，不是百分百纯粹的，他到底放不下他的那颗自尊心，而世界变化又如此之快，我等不及，时间过去了，就没有人会站在原地。

可我一直以为，我不必等，到最后，也不用等。

油菜花，那个女孩子喜欢的他，应是很喜欢婺源那成片成片的油菜花吧。当时的我也很喜欢，一直想要同大熊一起去看，可直到现在也没去成。

后来想想，其实这世界上的诸事很小，星际尘埃一般，这世上除了生死，没有一件是大事，更遑论你爱过谁，谁又爱过你。

风没吹过，你没来过，我也没爱过。

少年的你，赠我一颗纽扣

为什么人总要相互试探，相互猜测，相互错过与离别？

卷 阿

少女时期的我，声情并茂地朗读着《越人歌》里的诗句："山有木兮木有枝，心悦君兮君不知。"然不解其中深意，再回首，岁月阑珊，时光的角落里藏着的青春未解的秘密，已随少年赠予我的纽扣，掉落在回忆深处。

高二那年我因父母工作调动，转到了这所沿海小镇上的中学，我不爱讲话，只喜欢看着窗外的大海潮起潮落。在那个风靡周杰伦的年代，我痴迷着五月天。

而后提笔在我所有的课本里写满了五月天拼音的缩写字母。在一次课间，嬉闹的男生撞到了我的课桌，所有的课本尽数掉落，翻飞的书页将少女的秘密公之于众。所有人都愣了半秒，有个调皮的男生拿起了课本开玩笑道："WYT，这是谁的名字缩写呀？"

所有人下意识地看向了你，因为只有你的名字能跟这几个缩写字母完全对得上号，我满脸通红地抢过本子，看向你，才发现你麦色的皮肤根本藏不住你的脸红。

你拉着那个调皮的男生对我道歉，将课本捡起来递给我，我的掌心仿佛生出了倒刺，看着那行自己亲手写的字母缩写羞愤不已，忘了接过你递来的书，只是将脑袋低了又低。你帮我整理好书本后，才搭着男生的背将他拉出了教室。

上晚自习时，我习惯性地看向窗外的大海，第一次注意到你就坐在我常看的窗户边。我们目光相接，你大胆地回看着我，海风吹夏，少年的心动缱绻着翻滚的海浪

朝我涌来。你眼里迸发出的光，仿佛比深夜海里会发光的浮游生物还要奇异动人。

想起同学无意开起的玩笑，我们彼此红了脸。

有一次，正为数学题烦恼的我，挠了挠头发，你从我身旁路过同我搭话，细心地为我讲完那道数学题，似乎拉近了彼此的关系，我们慢慢熟络起来。

你偶尔会为我带早餐，教我做题时偶尔会崩溃地敲着我的脑袋，骂我笨，我清楚地记得那是某个午后，你宽厚的手掌在我的头顶摸了摸，我能清晰地听到自己的心跳声，如海上的波浪，拍打着海岸，再难平复。

在我贫瘠的青春里，少女的心动如一棵懵懂而迟钝的绿芽，在我的心尖肆意疯长，而我却浑然不知。

在我尚未猜透你时，离别已经悄然而至。

高三毕业时，有个隔壁班的男生朝我走了过来，他挠了挠头，红着脸将一颗纽扣递给我："你能收下吗？"我愣在原地，出于礼貌收了下来，而后那个男生又询问了我要报考哪所大学。我看见你皱着眉从我身旁路过，我忙拉过你，躲开了隔壁班男生的问题。

你穿了白衬衣，我看着你翻飞的衣角，才发现你领口的第一颗纽扣被你摘了下来，你伸手将那颗扣子递给了我，鼓足了勇气说："送给你……"我好笑地摊开手，掌心静静地躺着隔壁班男生送给我的那颗纽扣，笑道："你们怎么回事呀……"有一秒，我觉得你眼里的星光熄灭了，你捏着那颗纽扣将它收了回去。

我没懂你的意思，以为那只是同学间互赠的毕业礼物。而后我笑嘻嘻地递出了精心准备的同学录。

我没想到也正是那颗在我看来无足轻重的纽扣，将你我割裂在青春的两端，你再也没有将心意告白的勇气和想法，比凋谢的花还要颓败。

你也不懂我，其实我是特地将第一页留给了你，期待着你写下你想报读的大学或是你的联系方式。但你最后只在同学录里写下了一句"前程似锦"。难过与不舍交织在我的心口，我努力挤出笑意，你却好像更难过了。

高考后的我，有了更多闲暇时间，偶然刷到一条微博，博主解释说，如果有人在毕业时将最靠近胸口的那一颗扣子赠予你，那是他在对你告白，倘若你收下便是同意了，反之则是拒绝。

我这才恍然大悟。

细想来，也许我在这"暗流涌动"的青春里，造就了太多阴差阳错——

譬如，其实我喜欢的是窗外蔚蓝的深海，而非偷看。

譬如，其实我课本上写着的是五月天的名字缩写，而非他的。

譬如，面对同学的玩笑我始终没有辩驳，并非心虚，而是我不善言辞。

青春像场博弈，我们相互试探，相互猜测，相互错过与离别，青春的底色多是淡雅忧伤而又小心翼翼的。

我在大学校园里偶然遇见了那个隔壁班的男生，有些惊讶，我们匆匆留了彼此的联系方式。而后我约他在一个阳光明媚的下午见了面，将纽扣还给了他，他却释然地笑着说："都过去了，青春懵懂而已。我的志愿本来就是这所大学，巧合而已。不过我记得我送你纽扣那天你认识的那个男生，在你填报志愿那天顺便打听了我填报的大学。他问的是我的同班同学，后来我同学偷偷告诉了我。"我知道他口中的"你认识的那个男生"说的是你。

我知道你填了所离我很远的大学，也才知道你当时可能又误会了，那时的我像一阵不解风情的穿堂风，从少年的胸膛掠过，带给你的是忧伤与落空。就像余秀华在书里写道："只是一想到你，世界在明亮的光晕里倒退，一些我们以为永恒的，包括时间，都不堪一击。"

再后来，我站在时光深处回忆青春年少，总觉得当初的自己太过愚蠢，或遗憾，或感慨，但最后都成了释然。

少年的你用一颗纽扣，含蓄地向我表达爱意，你以为我懂，但我其实一窍不通，我们像两片飘落的枫叶，青春与时光染红了叶脉，像彼此四目相对时的腼腆和怦然心动。

我感谢你赠予了我一段斑斓生花的青春岁月。

遇见风吹日落的温柔

只要我不回头，他就一直和我留在那个空教室里。

空教室

✲疏星

高中时期的我，齐耳的短发，戴着黑框眼镜，坐在教室中间偏后的位置，不爱说话，除了做试卷，最大的爱好就是看小说，也没有加入叽叽喳喳的女生小团体，很多时候基本上都是一个人。

那时候的我，安慰自己，这样的生活没有什么不好。只是偶尔在食堂里看见相对而坐的男生女生，会下意识地坐远点。

埋头吃饭的时候，偷瞥远处的桌子，看见女生掏出纸巾，撕了一半之后，递给对面的男生。

不知道为什么，这个画面，是当时的我最羡慕的恋爱瞬间。

我们所在的那所高中，规模很大，但整个校园如果让我来选，我最喜欢的是教室。大多数人都不会喜欢这个地方，有了宿舍的存在，连午休时间，大家都不会在教室逗留。

而午休时间的教室，是学校里我最喜欢的地方。

下课铃声一响，等教室里的人散尽后，我便拿出今天的作业唰唰地写起来。倒不是什么刻苦的好学生，只是我讨厌人多。

我是进电梯之后都会选择站在角落里的那种人，如果变成透明人的话，内心会获得十分的安全感吧，所以留给我一间空荡荡的教室，对我来说是莫大的幸福。

写一会儿作业，看一会儿漫画，或是听一会儿专辑，再去吃饭，地下通道是空的，食堂也不需要排队。我走在冷清的学校里，内心觉得十分踏实。

我的青春期和那空荡荡的教室一样冷清，在那个敏感的年纪，我意识到孤独是人的天性，并且不以为意。

姜维的出现打破了我小小宇宙的平衡。

那一天，我像往常一样在午休的教室待了很久，等我起身准备离开的时候，看见了背后的男生。

他也合上书本，收拾起东西。灰色的T恤穿在他身上有些宽松，身形却也不显得过于瘦弱。

“你也没走呢？”我有些尴尬地问。说起来，我对他并不是完全陌生，除了同在一个班级，我们还曾经是华尔兹的舞伴。那段时间，向来保守的学校，居然允许大家在早操的时候做最新推广的华尔兹舞早操。在试运行过几次之后，这样男女成对的早操形式还是被取缔了。

在为数不多的舞蹈中，每一次，姜维的手心都沾满汗水。

我不知道他的表情，因为我从没有勇气仰起头去看他。我紧张得左顾右盼，每一次旋转之后的牵手，都让我觉得不知所措。到最后，我不知道他手心的汗水，是他的，还是我自己的。

“人比较多，现在走。”他站在离我不远的教室后排，回答我。

后来，也没有形式上的约定，我们开始每天一起在空荡荡的教室里逗留。

他坐在倒数第一排。我埋头唰唰地写题目的时候，能感觉到他在身后，有时候听见后面传来翻阅试卷和书页的声音，像雨天的时候躺在床上听着淅沥的水滴声沉沉睡去。

然后是在某个时间点，他收拾东西，或者我开始收拾东西。我们离开教室。

我们在人少的食堂里，还是坐在角落的位置。然后，我终于从口袋里掏出一张餐巾纸，撕成两半递给他。可在抬头的瞬间，我发现他也正准备将手上的纸巾分成两半。

我们都有些尴尬地笑了笑，互相包容彼此的古怪。

周五下午是寄宿制学校的学生返家的日子。讨厌人多的我，自然会想尽一切办法避开黑压压的人群。七点之后，马路上基本就空落了。

我拖着返家的行李来到车站，看见前面有个熟悉的瘦高身影，眯眼一看，是姜维。

他站在昏暗的夜色里，像一张音乐专辑的封面。电线杆上停驻的鸟儿就变成了音符。

我不说话，心里却很高兴。

有时候空空的车厢里只有我们两个人。我和他坐在二层靠后的位置，靠着车窗，有一句没一句地说着什么。

“像水族馆的水族箱。”他忽然冒出这样一句话。

“嗯。会移动的水族箱。”我很快就能反应过来他的意思。他说巴士是水族箱。

“相比较白天的话，更喜欢晚上离校。”

“嗯。进电梯也会习惯性站到角落里。”我不能再赞同。

“这算是一种自我保护吧。”

“嗯？”

“就像每天要经历晚高峰的人，久了就会形成阴暗人格。国外不是有过汽车驾驶员因为高峰期太堵，犯了路怒症，直接下车用机枪扫射……”

“可怕。”

“人这种生物，做出什么都有可能呢。我们这种喜欢沉默的人，如果不熟悉那些喜欢热闹和你来我往的人的规则的话，说不定哪天就被放在枪口啦。”

他的话让我一愣，花了好久才理解过来。

巴士停了下来，他要早我几站下车。我坐在双层巴士靠窗的位置，看见他站在路灯下，背着耸起的黑色双肩包，朝我挥手。

我透过水汽氤氲的车窗望向他，望着这个树木稀少的城市，总有种错觉，这不是在告别，而是刚刚相逢。

姜维说得没错，喜欢沉默地活在自己小世界里的人，很多时候，必须要学会热衷你来我往的多数人的规则。当时的我并不明白这个。

但从有一天开始，班里周围人和我说话的口气都开始变得拘谨起来。只要一看见我走近，聚在一起的人就会停止讨论。有几次，我看见女生之间互相使了个眼色，然后她们就将问题从吐槽班主任转移到各自追的偶像团体。

这样被周围的同学冷漠孤立的状态，在一节体育课上达到了高峰。

高中时的体育课，男生和女生已经分开上。

“女生两个一组，考仰卧起坐，一个帮另一个数。”老师抬了抬眼镜。

“朱毓。”老师叫到我的名字，“你和杨柳一组。”她安排。

杨柳是班级里最心直口快的女生，就算在课堂上，若是与老师发生了不愉快，也敢当面冲撞。

“我才不要和这个贱人分到一组。”她站在我的身后，锋利地说。

一瞬间，我感到自己身体里每个细胞都在颤抖。那是我第一次被人骂这样露骨的词语。

我捏紧了拳头，让指甲嵌到手心，却不敢抬头看杨柳一眼。

这件事过了很多年，每一次回想起来的时候，我都能清楚地记得那天半阴半晴的天气，记得那个空旷的操场。

我站在那里，向远处的球场望去，班级里的男生也在进行篮球考试。

姜维的身影一下子被我辨认出来。他还穿着那个款式的T恤，只是换成了黑色。那件黑色T恤飘荡在篮球筐下，成为我双眼能看见的唯一颜色。

那颜色安全得像一个黑夜，可以藏匿太阳下无处躲藏的我。

因为体育课的事件，我开始越发讨厌人多的地方。厌恶的程度变本加厉起来。于是空教室更成了我的精神寄托。幸好姜维还在。

人潮散尽后，教室越来越安静，我能听见后面翻试卷的声音。

我起身，他在后面叫住我。

“朱毓——”

“啊？”我回过头。

“他们说——”他有那么些犹豫，“他们说你平时不怎么说话，但是暗地里去班主任老秃头那里打班上同学的小报告……”

“打小报告？”我冷笑。

“嗯。大家都不喜欢老秃头，而你总是问他问题，大家就以为你是他的间谍……所以……他们才会选择孤立你。”

“那你相信他们说的话吗？”我看着他的眼睛。

教室后面的窗户没有关严，冬天的风像离弦的箭，一次又一次击中在玻璃上。

情况越来越糟糕。

高中班级的群一直不让我加入，有一个管理员同意了，但是没过两天，与杨柳交好的另一个管理员又将我移除。

在那个别扭的年纪，我看见电脑上弹出的“您已被管理员××移除该群”的提示，愤怒又无奈，干脆把联系人里班级中的每一个人都删除。

鼠标点到姜维的名字时，我犹豫了一下，还是狠狠按下“确定”的按钮。

这个世界上，这样的事情，每一天，都在许多个角落发生。因为缺乏安全感，因为利益方向不同，人与人之间充满恶意。因为狭隘和愚昧，人与人之间充满猜忌与中伤。

没有一个房间总是空空荡荡，都是人来人往。就像后来学校为了错开吃饭时间，将学校的学生分成A组和B组，我梦想的独处时间也缩短了许多。

有一次，我从午休后空荡荡的教室里走出来，在空落的地下通道里行走，走着走着，却听见后面传来人潮声。

我碰上了另一组放学的同学。那些人流像潮水一样覆盖我，把我淹没。

杨柳和几个女生气势汹汹地拉着手从我身边走过，交头接耳，不断嬉笑，好像一支无坚不摧的队伍。

杨柳回过头，朝我轻轻吐出两个字，通过嘴型我就知道，还是“贱人”。

那一刻，我很想变成鸟，离开这个地方。永远永远。

我们总以为“可怜之人必有可恨之处”。可作为亲身经历过类似事件的人，我却要站在“集体偶尔也会愚昧”这一边。

集体愚昧的时候，能够杀人，手起刀落，肇事的每一个人还可以仗着“我们是一个集体”，连愧疚感都被抹杀。

大学的时候我在设计公司实习，有次在卫生间听见有女生抽泣的声音。她走出来，我才看见是一个戴圆眼镜的姑娘。

我看着她泛红的眼眶，从包里拿出一包纸巾递给她。

她接过纸巾，才忍住的眼泪又落下来：“他们为什么都不喜欢我？我做错了什么？他们为什么都讨厌我？是不是我不好？”

“不是。”我摇摇头，给出一个让她诧异的答案。

“你已经受够了责怪，不要再责怪自己了。你只要做好工作上你该做的事情，剩下的时间，请勇敢地做你自己。”我无比坚定地告诉她。

这样的事情我们每天都在经历，从一个人来人往的房间，走向另一个人来人往的房间。与人周旋，也与自己周旋。

只是就像行星偏离轨道，偶尔我也会有无力往前的时候。

那个17岁的我，一个人走在地下通道，又莫名受到了杨柳回头的谩骂，连前行的力气都没有。

这时候，后面有一个瘦高的身影逐渐与我平行，慢慢握住我的手。

我侧身看过去，男生今天又穿着那件款式的T恤，只是换成了白色。

懦弱的我想要挣脱他的手，他却握得更紧。

“我相信你。他们说的话，我一个字都不相信。”过了很久后，他才给了我答案。

“对不起，现在说这个有点晚，但我相信你。”他的眼神里没有躲闪，褐色的眼睛像一对琥珀，喉结因为紧张而凸起。

这样不惧险阻勇敢坚定的表达，对当时的我来说，非常非常重要。

我看向他琥珀色的眼睛，那些周围的人潮通通变成毫不重要的油画色彩。有什么东西在我身体里升起，然后又重重落下，沉淀为我走向人生前方的勇气。

我没有说话，紧紧攥着他的手，终于哭出来。

他不知道，很多次，我坐在空荡荡的教室里，从不回头。

因为只要我不回头，他就一直和我留在那个空教室里。

此后，无论我身处这世上哪一个房间，身处哪一座陌生的城市、荒无人烟的小岛或是荆棘丛生的雨林；无论我正面对着万丈深渊的绝境，还是一团乱麻的生活；无论我身处地狱，还是天堂，只要我不回头，他就一直在那里，不会离开，一直一直在我身后。

玻璃糖纸马戏团的梦游指南

✲四三九九

星星没有陪伴任何人，陪伴我们的是我们自己。

三

南衡与每次去天文馆的路上，都要经过一家明黄色的糖果铺子。他听班里的同学说过那儿，店家会在黄色纸盒里放十九颗糖和一颗用玻璃糖纸叠成的星星。

“吃掉第三颗糖后许愿，愿望就会成真。”

困顿的物理课上，同桌偷偷剥了一颗糖含在嘴里，压低的声音听起来有些含糊不清。他笑了笑，那种无聊的营销噱头也会有人信吗?

“绕以太阳为焦点的椭圆轨道运行的所有行星，其椭圆轨道半长轴的立方与周期的平方之比是一个常量……”

开普勒定律，也叫行星运动定律。

这些内容他在初二暑假时就在天文馆的阅览室里读过。开普勒计算过第谷·布拉赫的观测数据后，把结论发表在《宇宙和谐论》里。

教室墙上挂着的钟，指针只转了6°，就没入了阴影里。南衡与跟着物理老师用水笔圈出一串复杂的公式，而在这一刻，世界悄然发生了一些变化：

窗外有一片梧桐叶从树上脱落，南半球反常的气候让一只小鹿患了感冒，海平面下四公里处的鲸发出鸣音，以及宇宙尽头那颗燃烧了几亿年的恒星在瞬间被吸入黑洞。

“扑通、扑通——”

心脏刚好和一颗初诞生的新星转到相同的轨道上，被笔直的射线一齐穿过中间。

天文馆三楼的观星台有白天可以看星星的特殊望远镜。南衡与盘腿坐在柔软的羊毛地毯上，从镜筒望向天空，熟练地找到仙后座，然后沿着它找寻几颗运动的行星，在笔记本上画下它们的运行轨迹。

这是他的“日记”。

今天他的“日记”里要多加一行字：南十字星座的十字架二找不到了，调整了很久视野也没有找到。

“哥哥，”旁边一个刚满学龄的小姑娘拉了拉南衡与的袖子，指着绘本上的图片问，“什么是拱极星？”

“在某一观测点，视野里有些恒星永远不会落下，在一年中的任何一天，整夜都可以看见它们。这就是拱极星。”

“可以陪我们整整一年？”小姑娘睁大了眼睛。

“不止一年，是每一年。”南衡与把画册还给她，“从我们出生前很久，到我们死去后很久。”

“它陪了很多人。”小姑娘说完立刻摇了摇头，“不，它其实没有在陪任何人。”

男生不置可否，宇宙本身就很抽象，那么对宇宙的思考就更显得虚无。他起身整理了一下坐皱的卫衣，从储物柜里取出书包，懒懒地挂在肩上，往楼下走。

周末的天文馆很热闹，总会举办一些小型展览。南衡与小心翼翼地走着，生怕不小心碰倒什么。忽然，他收住脚步，停在一个不到两平方米的摊位前。

摊位上零零散散摆了几册绘本，其中有一本封面跟刚才那个小姑娘手里的一模一样。南衡与信手翻了翻，比起动辄几百块的等比例模拟的天文图册，绘本上的银河过于像一朵璀璨的灰色玫瑰了。

他问：“多少钱？”

“十九块。”桌子后面的女生头也没抬，忙着自己手里的事儿。

南衡与付好钱，才注意到女生制造出来的窸窣声响。

这么巧吗？她在用玻璃糖纸折星星。

南衡与从未想过，自己走这条路竟不是去天文馆，而是要推开那家糖果铺子的门。

他才走进去就闻到了一股浓烈的果汁甜味，像一颗白矮星解压爆裂，糖分如同尘埃弥散到角角落落。

“沈，沈柚？”他试探地问道。

背对门口的女生正踮着脚从橱柜顶拿纸盒：“是我。”

“你的纸条夹在绘本里了。”

那天睡前，南衡与倚靠在床头，照例看起新买的绘本，只见一张折了几折的纸条从书页间滑落到被子上。

“画得很——”男生把纸条递还给她，却找不到合适的词来形容。

很有趣？当然有趣。

那是足够璀璨的乐园，小熊星踩在拖着尾巴的彗星上起舞，狮子座跳过氢气燃烧的辐射状火圈，船底座横渡彩虹星云，送仙女星坐上永不停下的银河旋转木马。

很浪漫？当然浪漫。

无数颗星星，如何不浪漫？不同于从地球视角看上去的白光，其实是长长短短的斑斓线条，螺旋星火，半环月牙，还有如同珍珠钻的光晕。

宇宙是浪漫的终点。

“原来在你这里。”沈柚接过纸条，有些苦恼，“怎么办呢？星尘马戏团的门票，被你看到了。”

在对天文萌发出巨大的兴趣后，南衡与的世界里便不再有马戏团了。他喜欢天体胜过小丑，热爱几分钟前的阳光和月光胜过条件反射的指令和口哨。

“绘本里讲的故事，其实是星尘马戏团的游玩指南。”沈柚翻开第一页说，“不同星体通往那儿的路是不同的，水星居民要乘坐 009 号千纸鹤；冥王星居民需要搭流星邮轮；而从地球出发，只要走过一条三色堇花径，就到了入口。千百万年来，这距离一直不变。”

她又翻了一页：“拱极星守在门口检票，它会检查你有没有携带违禁物品。”

“违禁物品是什么？”南衡与问。

沈柚笑得狡黠，仿佛抓住中了圈套的

贪吃小鸟。

南衡与失笑地掏出手机："来两盒柚子味的糖，现在可以问问题了吗？"

"三十八。"沈柚撇撇嘴，"问吧。"

"所以，违禁物品到底是什么？"

三色堇花径不够宽敞，两人不能并行，南衡与跟在沈柚后边，想起原来看过的英国庄园里的花廊来。

花径的尽头是一幅纯色的天幕，柔软如锦缎。沈柚展开马戏团的门票，靠近一颗拱极星，拱极星颤动了一下，抖落一层金粉，落到门票的一角然后消失不见。

"天幕后面就是了。"沈柚把门票交到南衡与手里，"拿好。星尘马戏团的门票，使用次数是无限，有效期限是永远。但一定要记得，不能带违禁物品来这里。"

南衡与攥紧了纸条。

沈柚撕开天幕，里面像是饱满的零食袋，哗啦啦地掉出一摊星子。

"马戏团乐园不允许带进来失望。"

南衡与在看到真正的马戏团时，才终于明白了这里禁止失望的原因。

星尘马戏团坐落在宇宙尽头，而宇宙的尽头不是乐园，是废墟。

被引力撕裂的星体如同垃圾场一样堆起小山，无数的尘埃颗粒堆积在断了电的过山车轨道上，发出如初秋的萤火虫般奄奄一息的微光，被陨石碎片割破的海盗船帆隐约还能看出原来的招展模样。

他走上前去，折断的南十字座一半在摩天轮里，一半挂在轮厢外边。"我说前几天怎么找不到十字架二了呢。"南衡与捡起来吹了吹，小东西重燃起亮光。

蛛网般的流云挂在他们头顶，被女生摘掉丢向一边。她忽然问："你现在还不相信糖果铺子里的糖纸星星能许愿吗？"

男生微怔。

"糖纸星星承载的愿望是星尘马戏团的燃料。但是后来，急功近利让愿望掺杂了太多的失望，抱怨破灭了梦想，怀疑让爱也贬值，机器就不能启动了。"女生说，"我去成千上万的平行世界里收集愿望，试图重燃梦想，再唤醒每一个人爱彼此的能量，但似乎还是徒劳。"

南衡与从床上清醒，被枕头旁几粒北十字星座的碎屑晃了晃眼。他猛地坐起来，翻开绘本，最后一页赫然写着一句话，和梦里沈柚同他说的话一模一样。

"这可是宇宙啊，如果对宇宙都没了期许，还能得到什么呢？"

南衡与再次走上那条路，目的地不是天文馆。他想告诉沈柚一件事：或许每晚都有几亿双眼睛看向夜空，但其实解开宇宙这道题就像完成心里的愿望一样，是个极其孤独的过程。漫长无期的测量也好，夜以继日的计算也罢，有些秘密，永远得靠自己去求证才能得到答案。

那天，天文馆的小姑娘说对了一句话。

组成每一个有机生命体的原子和能量都来自宇宙，我们的眼睫毛和小指骨可能曾相距几万光年，所以我们从未停止过对宇宙的期许。因为期许宇宙，归根结底就是在期许自己。

——星星没有陪伴任何人，陪伴我们的是我们自己。

他爱了星星很久很久，久到仿佛是天生的，就像爱这个世界一样。虽然有的时候世界不懂星星，也会有人不懂他。

南衡与推开那扇黄色的门，里面没有一颗糖果，却有用玻璃糖纸折好的恒河沙数般的星星，粘成了一座马戏团乐园。

沉默的人哪，此时此刻，是应该快乐起来的。

又见月白衫，是谁家少年

✻岛茂

槐安

天蒙蒙亮，一弯月牙白仍在树梢。你还贪得一席酣梦，可偏偏总会有人来搅扰。

那是睡眠极度缺乏的小时候。槐安等在你家宅院外面。屋檐矮小，只他一人特别聒噪。

他是来唤你出门的，为了一同赶往课堂，在书桌上摊开诗词，仔细诵读。

可他总是要等个好久之后，你才吱呀一声推开自家红漆木门。黛瓦白墙，晨雾浮沉中，你看到槐安衣帽穿戴，很是齐整。

你半梦半醒，故意对他视而不见，他便眉眼藏笑，又递过来一块儿小糖糕。

可你得了便宜，却又不肯卖乖。

在漫长的上学途中，继续犯懒病，一会儿采些小浆果，一会儿摘些小酸枣。

槐安他并非善类，总会想出法子来对你惩治一二。其实那也算不得惩治啦，都是小孩子的小闹剧。比如说本来你俩并肩好端端走着，等你掉了队，他就往前跑个一小段路途，然后，站在不远处，对你喝令："只给十秒，快赶过来！"

你懊恼不已，却只能一路跌撞着过去。你跑过低矮砖瓦墙，跑去他的身旁站定。

你看向眼前的少年，看他眉眼，看他笑齿，有一种撞上风或云雾的晕眩，是满怀的情怯。时光寂然，你们成长着。你有多懒惰，他就有多勤快，你目睹他的个头儿猛然蹿高，直到初中毕业前一天他还在笑你干瘪瘦小。

人人都道，两小无猜，青梅竹马。其实他们心里头恐怕，万一，两小总闲猜，又或，青梅无竹马。

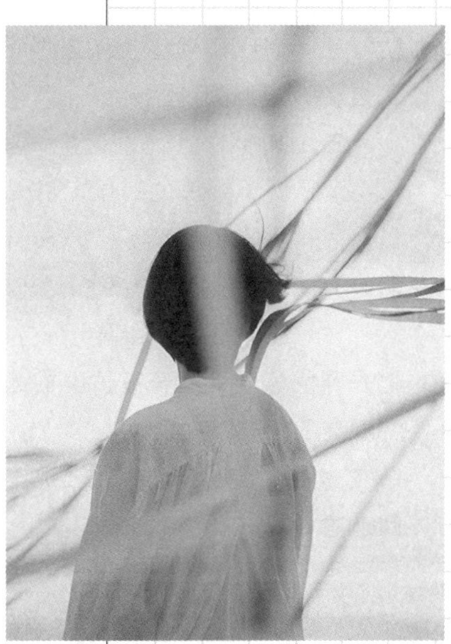

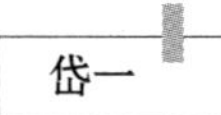

岱一

无非是炎热，无非是火云如烧，无非是风扇在头顶呼啦啦地转动。

无关繁霜洒降，无关鸟群的迁徙，无关一瓣雪花落在肌肤。免不了暑气熏蒸，阳光明媚而又刺眼。

这是我眼里的夏天。

没有一丝风。素白窗帘沉重，纹丝不动。我养的灰色小狗，疲软地趴在客厅地板上，热得吐出舌头不停喘气。

所有人都在渴望一场持久的午睡。卧室里冷气开着。

少年岱一在楼下等我。

他是聒噪的男孩子，白齿青眉的，穿着天蓝色短袖。我们结伴而行，去废弃工厂里探险。那里有肆意生长的绿植，我们攀上一棵葱郁老树。岱一把手里的红色花朵，别在我的耳朵，以及他的衣襟上。

那个时候，我还是个十二岁的孩子，岱一也只有十三。我们坐在树的阴影里，热风裹在脚趾上。我们笑得开怀的时候，许下承诺，以后要一直在一起。

可是夏天结束的时候，岱一还是离开了。岱一的外婆告诉我："漾歌儿，岱一他明年暑假又会回澄观小镇啦！"

岱一的外婆让我不要担心。我的爸妈也是神色焦急。还有镇子里的人们，他们都仰高了脖子，对我喊："漾歌儿，你不要待在高处！太危险了！岱一明年夏天又会回来啦！"

我坐在那棵葱郁老树上，耳朵上别着花簇，目光投向远方，掉了眼泪。

我难过了一些日子。

第二年夏天，岱一没有出现。第三年夏天也没有。我不再期盼。我的十五岁已经很容易感到绝望，明明还只是孩子。我以为在这世界上，再也没有人在楼下等我，再也没有人同我冒险，再也没有人把红花别在我的耳侧。

无尽的酣眠，能让我忘掉一些郁热，以及忧愁。我在没有岱一陪伴的夏天里，变成了无声废墟。

在梦中，差一点就看到了来自远方的列车，我站在人群中，向我的十三岁挥手告别，然后，给远道而来的岱一一个绵长的拥抱。

而在客厅里，爸妈永远都无法停息的争吵，刚好毁掉了我中午一场仓促的酣梦。我撑着一脸疲惫，坐在阳台上，用手拨开粘在额头的湿刘海。

拧开一大瓶雪碧，不断冒出透明的气泡，就像绿色的泉水在涌动。我仰头咕咚咕咚喝完。

天气很热。这是夏天的感觉。

我的浴缸里有一片静止的海，它淹没了我的睫毛，像是在潜水。我没穿泳裤也没戴蛙镜，也不恐慌。在清凉的海水中旋转身体时，海藻不会缠住脚踝。

直到第五年的夏天，在我就读的新学校足球场上，出现了一个直着红脖子张开双臂奔跑的男生。

只是远远看了一眼，他穿着一件宽大球衣，脚上是磨破的球鞋。他额际滑下一滴汗，刚好落在他的眼角。

我看着岱一哭丧着脸，黏热的风裹在我的肌肤上，我站在操场旁，内心产生一丝诡异的紧张。

我走上前，把买好的汽水递给他。

我不会告诉岱一，爸妈给我的零花钱，以后的每个夏天，我都会用在买汽水上。

一旦夏天消失，我就会变回废墟。这是我的秘密。而我是否应该把你比作夏天，我的少年岱一？

鱼刺

二十岁的鱼刺，是个话多的臭小子。他蹲在七星河边儿钓鱼，对我讲起了他的十七岁。

他说，在他十七岁那天，他清晰地意识到——清晰得就像他两只干瘦的臂腕处好几条蜿蜒凸起的血管：原来，这是我第一次十七岁。我这辈子不会再有第二个十七岁了。

鱼刺说：“我的十七岁，不会再有第二个，就因为不会再有第二个了，我才想要记住它，以便珍藏。”可宾客往来如云，竟无人同鱼刺庆贺生辰。

这是让人感到哀伤的事。在某一个瞬间，鱼刺已经很想要用力地哭泣。

“如果眼泪可以解决问题的话。”

赤日在头顶的天空上纵火。

鱼刺把刚捡来的烟以及陌生人的钱财，偷偷揣进衣兜，然后沿着长乐街，走了很远的路。

他只是想择一个日光漫溢的广场，将自己身上那些隐形的霉斑暴晒。没错，是隐形的霉斑。

他清晰地记得，清晰得就像他周身苍白冷冽的轮廓。鱼刺记得去世的外婆这辈子唯一的谎言，在他的幼年时期被过多赘述：“小孩子如果变坏哟，脊背是会长出霉斑的！”

长出霉斑，在脊背上，像鱼鳞般紧密附着。用指甲去剥，时不时地掉下来金黑色的细碎冰晶。厚厚一层，在地板上闪动着微光。

就这样还没完呢——伴随时间的推延，丑陋的霉斑们会持续铺展开来，从脊背到锁骨，体肤到脏腑，直至，将你整个吞没。

“该死！我不要被吞掉！”鱼刺捂住嘴巴，后来又松开手，在长乐街边蹲下来，忍不住反胃干呕。

肩侧偶有路人路过，他们的眼神，仓促短暂，在鱼刺看来，是锐利的刀刃，迫使他把口袋里的烟和钱都扔掉。

若凝视可以长情。

“就当作，大家是在祝我十七岁生日快乐好了。”

郁央

郁央，你恐怕还不知道，在何雨塘转学来到枯邻高中之前，班里的女生叽叽喳喳围坐一团，讨论最多的话题都是围绕你展开。

她们说，每个高中都会有个性顽劣，目空一切，与校外混混缠斗滋事的“扛把子”少年。而在我们枯邻,远看近瞧此名号，当仁不让是郁央。

她们还说你生得俊逸，“一双邪目清寒星，两道剑眉如墨泼”。

她们越是将你夸得举世无双，何雨塘越是不屑，她坐在教室最后一排抱着胳膊，幽幽地发出一声“嘁”。

对你不屑的次数多了，一天到晚最少制造十几个不愉快的“嘁”。你还以为她得了感冒。你关心地说：“你得按时吃药，何雨塘同学。”

你抖着腿，用眼角对她冷冷一瞥，你接着又说：“我知道你嘁啥呢。不就是因为我把你当成男的了。没想到你头发短见识也短。”

头发短。没错，那个时候何雨塘的头发短得像个小男孩。后来，她并没有按照狗血剧情的发展蓄起长发，还是像个小男孩。因为只有这样，她才能和那些围坐一团讨论你的女生不一样——你拿她当兄弟看。

你带她混熟你的圈子，教她玩滑板、打篮球，陪她罚站。你说她身上的伪帅气质，是有些男生可望而不可即的。

其实，你才是她遥不可及的。这一点她很确定。你虽然痞，可你一直努力让一切好起来。所以后来，大学还没毕业，你就嚷嚷着要当兵，保卫边疆去。离别那天，何雨塘扭过头叹息："看来，小弟我还是没能赶上你的步伐啊！"你只说了句"等兄弟回来"就离开了。

繁春已至，馥夏蝉嚷。

少年郁央，你何时才能游回何雨塘的小荷塘呢？

北方

人在衣衫单薄时，身侧总有陪伴者，亲戚或是朋友。北方是个例外。

他独自上下学，一个人早晚餐。或许是这样的经历，让他不明白与人分享的道理。据说，北方能记住的冷笑话，他从来都只讲给自己听。而每次笑点被引燃之前，他都会给身上裹一床棉被，弓起脊背，来到窗边。

他把胳膊一撑，坐在了窗台上。寒风一刮，冷得让人想张口就骂娘。北方垂在空中的左手夹一根烟，偶尔凑到嘴边吸一口，还是觉得冷。北方就毫不迟疑地，声情并茂地，给自己说一个"包子在街上走着走着，吐了，变成了馒头"，或者"西红柿在街上走着走着，摔了，变成了番茄酱"……

他讲的那些"在街上走着走着"谁都能讲出来的笑话，明明毫无笑点，听过的人基本上都摆出一张"他们家遭遇了那么大的难，那孩子还可以笑得出来"的嫌恶的脸。

可他呢，早已眉弯，抖动着肩。

都是为了让别人误以为"嘿，原来，那个家伙儿呢，是特别容易自嗨的一人儿，心理素质强硬得跟铁板似的"，又或者"我们根本不用担心，他可以撑下去，他是个乐观的男孩儿"。

乐观的北方，在每个黄昏时分，骑一辆单车绕长安区一圈。车轮滑过地面的积水，那些闪光的水珠被扬起，像透明的扇形鱼鳞。最后，车子停在一座大桥上。四面也无人，只有远处的村庄，传来一两声的犬吠，那么清晰。那个时候，没人知道他最害怕黑夜。

他就那样沉默着，在黑夜里生活了很长时间。直到去年，北方参加了环城骑行活动，我和他才得以碰面。当然是我主动搭的讪。犹记当时，北方在某个缓坡上，汗流浃背，猛踩山地车脚蹬。好不容易我与他并肩齐行，我偏过头笑着问他："嘿，少年，你朋友多吗？"

"各人有各自的战场。真没必要和太多人抱团，显得自己热衷于热闹，反而无趣。"这是他当时的回答，带着锋利的气息。

我没有诧异，也无反感。因为早已认定，柔软的人心是藏在坚硬的壳子里的。

骑行活动结束后，我坐在栏杆上等朋友一起去烤肉。北方从高处的台阶上走下来，他把清凉汽水递给我。

"你朋友多吗？"他问我。

"我们待会儿去填肚子，算你一个喽。"我从栏杆上跳下来。朋友们站在路对面朝我招手，我推着单车走过去。北方犹豫着，最后，还是跟了过来。

那句话怎么说来着？"人在年少衣衫单薄时，身侧总有陪伴者，亲戚或是朋友。沉默的人哪，此时此刻，是应该快乐起来的。"

我们之间有了一些空白格，在未来的岁月中不会被提起，只是留给我自己。

空白格

几月

1

第一次从身高上感受到岁月的沧桑，倒不是和父母并肩走着的时候，而是在初中，站在他身旁。

他是阿应，我初中第一任也是最后一任男同桌。

说来很戏剧化，初一与初三，我们两次做同桌。初三的他已经今非昔比。上课起立向老师鞠躬前，他顺势睥睨我，流露出星星点点的狡黠之气，无声而又充满刺伤力，如针尖在我胸口刺过。

我知道，一年不接触，他长高了，从初一那个矮墩墩的男孩，成功晋级为风华正茂的青春期少年。而我，似乎停留在原地，白白让他占尽了一览众山小的机会。

换汤不换药，我们的日子一如既往，在细节处针锋相对，在大方向上齐头并进。所谓大方向，就是提高各门功课的成绩，冲刺省重点中学；所谓细节，不胜枚举，一个眼神，一个手势，都可以成为冷战的导火索，以及热战的方向标。

我嫌弃他体积太大压榨我的生存空间，他嗔怪我写字太重影响他午睡。

他一瞄我作业，我就把笔袋移到题目上，至今我都记得他转移目光环顾左右的窘迫样子。

我总是在他上课恍惚的时候，戳他肉乎乎的手臂，让他强行打起精神来。久而久之，他从初一开始的阴影便挥之不去，由此造成的条件反射牢不可破，一有触感就咯噔一下直起腰板，目视黑板，耳听八方，然后奋笔疾书，最后朝我愤愤地瘪起嘴，示意我已经把他吓得魂飞魄散。我随即下拉嘴角，皱起眉头，眯起一只眼睛，抽动着苹果肌，装出哂笑的模样，暗示着又抓到他走神的情况了，叫他好自为之，不然，叫他

三秒钟之内灰飞烟灭。

这种表情暗语似乎只有对方能懂，我们屡试不爽。有一天，后桌问我们上课是不是在拍戏？我们这才发现大事不妙，局外人即将破译这种原创火星语。从此以后，我们就开始在草稿纸上传递表情符号。

那个时候，我们都爱较真，很多能够一笑而过的东西，都成了极力琢磨的对象。没事找茬，乐在其中，而且别有洞天。

我说他看上去力气这么大怎么实心球扔得比我还近，于是他想方设法报复我，偷偷地帮我在校运会报了名，项目是女子铅球。结果我以垫底的成绩铩羽而归，坐在司令台后黯然神伤。他战战兢兢地跟在我后面进了教室，我趴在桌子上呜咽，他靠在椅背上失魂落魄，教室里就我们两个人，一切都沉静如梦。

第二天，他从寝室拿来了八袋纯牛奶、三包曲奇饼干、两串葡萄和一个蛇果，双手递过头，负荆请罪。我别过头去做作业，让他的姿势继续定格着，直到我再次流泪，抿着嘴接过他所有的“贡品”，然后转过头去，看到了他发红的眼角。

课间我往他的课桌里塞了一半的牛奶、饼干和葡萄，晚上他整理东西的时候看到了，和我相视一笑。

原来这就是一笑泯恩仇。

2

其实我的体型还算是小的，不过是因为初三担任着纪律委员，每天扯着嗓子喊“安静”，凶神恶煞似的。年少的我不懂得维持自己的淑女形象，却把神圣的“天职”放在了首位，无形之中让很多同伴敬而远之，也难怪当时阿应这么形容我。而我只是将这些话当作是他无心的调侃和回应，殊不知自己已经陷于一个尴尬的境地。

初三的时候，大家似乎都憎恨被管束的感觉，纪律委员的身份让我左右为难。班主任要求我上报每日黑名单，而我因为自以为是的大公无私，将自己陷于不仁不义的泥潭。阿应说：“每天铁面无私的对你没什么好处哦。”我这才开始思考这个严肃的问题，但是此时，已经和同学们疏远了，在这个班集体中，似乎自己已经走到了全班同学的对立面，引起了公愤。等我意识到这个问题，为时已晚，晚到了几乎没有人在乎我会不会改善自己的境遇。中考在即，也不会有人在别人身上花心思，告诉我为人处世的道理。

阿应发现了我的闷闷不乐，开始语重心长地开导我。其实他把知心哥哥的身份扮演得尽心尽力，只是我一直以来都自诩为大姐大，对小鸟依人的角色转变颇为不适，他轻轻拍着我的头，侧着头哄着说：“乖，傻妞，总会成长的嘛。”我忘了自己是不是说了谢谢，却记得我笑了，他是个善良又可爱的男生。

后来，班内竞选校优秀干部的时候，他特意叫我到走廊散步，我知道，他是不想让我看见残酷的唱票。落选，是意料之中的事情。

那天晚上我缄默至极，他也是安安静静地埋头自习。晚自习结束后，他递给我一张稿纸，上面是一套56式的年糕表情，长方体年糕披了一头棕色的麻花头发，他在用各式神情逗我开心。或许也是突然之间的事情，我发现自己开始很依赖阿应，这个有着清秀脸庞和滚圆的大肚子的胖男生。我承认自己也是从那个时候开始，全面地柔软下来，开始做一个平和的女生。

3

复习的日子在和平相处中度过，除了

给他解答难题，我们给对方带饭和牛奶，聊家庭琐事，当然，还有敏感的话题——择偶标准。他说他喜欢温柔的女生，我却开始两颊发红，说这是我自己的秘密。

后来我通过了保送生考试，提前被省一中录取。我对阿应说："笔记本都给你，我在大后方等你来哦。"他看着我清空了身边那张桌子，递给我一袋牛奶，说："还真不习惯，我会加油的。"

那是他给我的最后一袋牛奶了。

中考查分那天，我似乎比他还紧张。他的分数超了一中录取线二十分，即将和我同校。那天晚上我抱着电话问他是不是很开心，他说还好，其实我的言外之意是我们又可以同校了，很有可能同班。我说该好好庆祝一下，他说："别，周盈没有考上，我得打个电话去安慰她。"

周盈是我们班的文艺委员。

我问："你怎么对她这么好呀？"电话那头沉默了很久，我们的对话多了很多空白。后来他才慢慢地说："我跟你说过的嘛，我不是喜欢温柔的女生嘛……"

我强忍住喉咙里的暗流，若无其事地说："怪不得，真不够义气，你怎么不早说呀，重色轻友！我生气了，我挂电话了！"

阿应没有再打电话过来，我知道，他去安慰周盈了，他用整个暑假的时间陪她聊天，逗她开心。

阿应喜欢她，也是我自己后知后觉。他们之间的事情，我也是后来从其他人那里打听到的。他每个周末回家都会和她聊QQ，在我提前离校之后，他成为班上的学霸，给她补习功课，和她饭后一起散步，每天晚上陪她回寝室。在她的毕业册上，还贴了一张他特地摘来的大枫叶，密密麻麻写着几段话。

他们问我："作为阿应的同桌，你居然不知道？"

我说："是呀，我不知道，他隐藏得太好了，或者是我观察能力不太好。"

可是，会不会是因为我走了，他才有了接近她的机会？

那么，我对阿应来说，难道只是一个曾经和他打闹生事，被同学孤立的野蛮同桌？

我不知道。

我唯一知道的是，当时的自己很无助，无助得像一只被逼到墙角的麻雀，在潮湿而阴暗的角落，反刍过去几年的自己，倍感厌恶。做一个安静平和的女孩子，是一个轻而易举的决定，孤寂的潮水推着我走到人群的边缘，我也不得不选择沉默和柔和。

高中时，我们没有分到同一个班，分别在一楼和四楼，相距甚远。偶尔在路上相遇的时候，我们都只是相视一笑，似乎让我回到了那次运动会，那个被定格的微笑瞬间，然后心中一阵悸动，泛出点滴的香甜和苦涩。

现在已经是上大学了，依旧有些淡淡的想念，于是给他打了电话。他仍然和周盈在一起，最后他说我变化真大，是不是有喜欢的人了，才变得这么淑女。我也只是在电话这头苦笑，我们的对话多了很多空白，最后我才说，是呀，有喜欢的人，当然会不一样。

对话在彼此的祝福中结束，挂掉电话之后，我有点怅然若失。

我们之间有了一些空白格，在未来的岁月中不会被提起，只是留给我自己，在某些莫名的时刻想起来，就像喝了一杯淡淡的绿茶，知道它也是涩的。不过还是要感谢曾经同桌的他，终于改变了我，让我走过当初那条曲折的路，他告诉我，这也是成长。

浅绿残骸

✻ 镰足

结束了花期的木莲，司空见惯的梧桐，墙角的野草，砖块上的苔藓，所有的绿瞬间像是有了生命一样，开始不怀好意地流动。

壹

你还记不记得 19 岁的夏天？我记得。那是个雨水充沛的、被绿意轻轻揉搓成茧的夏天。

潮湿的街面上，不断有行人不慎滑倒，漫画书、CD、烟、口红和钱包从里面掉出来，狼狈散落一地。一些雨伞像降落伞一样被吹走，越过河川和草野，最终摇摇欲坠抵达对岸。每当在二楼的小房间看到这些，我的心情就不可遏制地大好。

纱窗上淤积着浅色的雨水，毛玻璃像是一片绿色的海。然而那里没有鱼群经过，只停驻着一只迷路的蜗牛。它柔软的触角触及我心底最敏感的，无法用言语表达的部分。

暑假，一定程度上是“无所事事”和“养尊处优”的代名词。一堆人在西瓜和冷气里耗掉时间。而我，在雨水拍打屋檐的清晨醒来，日复一日等待街头巷尾好戏上演。后来，在某一天，斜对面的楼房里，我看到有人拿着照相机记录那些摔倒的瞬间。男生兴致勃勃的表情让我瞬间有种找到同类的快感。

某一天，某个被拍下照片的中年妇女，像森林里一头被触及底线而发飙的野猪，怒不可遏地冲上楼房，撞开他家的门，要求删掉那张照片。倔强的他没有同意。然后，照相机被抛出，从窗口坠落后一命呜呼，碎成三十三片。

事后，我朝站在窗边的他大声喊：“你不该拒绝的呀！现在一张照片都没了！”

他说：“没关系，我把照片都存进电脑了。”

我说：“那我要过来看看。”

然后他笑我："你怎么这么自来熟？"

对，我不仅自来熟并且大胆。我居然敢贸然闯进陌生少年的家。

那天，我少女心爆棚地换上很久没穿的连衣裙，甚至在出门前抿了抿嘴唇以保持湿润。不幸的是我穿了人字拖，正所谓一天到晚期待别人摔倒的人，总有一天会因为摔倒而哭泣。当我兴冲冲地穿越街道，牛顿第一定律开始在生活中上演，拖鞋的阻力不足以控制激动的我，最后我猝不及防地一头撞在灰白色的墙上。

视野里是深深浅浅的绿，它们完美交融在一起：结束了花期的木莲，司空见惯的梧桐，墙角的野草，砖块上的苔藓，所有的绿瞬间像是有了生命一样，开始不怀好意地流动。

我听到他的笑声，是很大声又爽快的那种。他说，可惜现在没有相机，不然也帮你拍一张。那种笑声让我确认了，他会变成我要好的朋友。

他的房间和我想象中的有点不一样，整洁朴素得吓人。除开床、衣柜和写字台，再也没有任何家具。

我们像认识很久的老朋友一样，挤在一张从客厅搬来的凳子上，分享电脑里千奇百怪的照片。随后，他抽烟，烟雾是忧郁的婴儿蓝，和我想念的晴朗天顶一样的颜色。

八月我们常常去一个很偏远的公园，公园里的三间屋子用来堆放鲸鱼的白骨，阿司匹林那种纯粹的白。在那他帮我拍了一些照片，用他新买的相机。下雨的屋檐下、白森森的骨头前、空旷的公路上，我站着装忧郁，却很想笑和说话。他居然说："你闭嘴，你一说话就不好看了。"

他说要把这些照片当作礼物送给我，用来庆祝我 19 岁的生日。在路边小小的照相馆，照片洗出来后，总觉得有哪里不对劲。

"你头发居然是绿色的。"他笑我。

"谁让你老让我站在树底下，拍出来阴森森的，蚊子还多！"我抱怨。

真正的朋友是怎样的？难道不该是敢于肆无忌惮地取笑对方，埋怨对方吗？所以那一刻，我一厢情愿地认为，我和他是要好的朋友。

但我们的密切接触仅限于那个暑假。

九月，他离开家，前往 3000 公里外的北方城市，开始打一份辛苦的工。但我们还会联系，用电子邮件的方式。他告诉我，他工作的地方有个前台小姑娘很水灵。他约她去吃烤串，结果小姑娘一脸鄙夷地看了几眼，说："喊，你身高都不到一米七，你知道我不和矮子出去吃饭？"

"搞笑啦？低于一米七连烤串都不能吃了！"

而我在电脑这头笑得趴在键盘上，我在想，等下怎么才能竭尽所能地，丧心病狂地嘲笑他。虽然最终我只回复了一句话，没事，至少你很帅。

在这个只看脸的世界，当我还处于 19 岁的那个夏天，你不需要很高，不需要很聪明厉害，不需要把自己打理得干净妥帖，也不需要打超过十分钟的电话，在一大堆废话后面说一句有点想你哎。你只需要负责帅，我就心满意足了。

叁

暑假结束后，就是最后的炼狱了。

高三的确是痛苦的，但又没有别人渲染得那么夸张和歇斯底里。过来人总是以一副“到时你就知道了”的可恶表情来吓唬你。

到最后，你会发现，根本没有那么可怕。但你又无师自通学会去吓唬别的人。

我在开学后不久开始听深夜的电台节目。陆悦农的声音磁性温暖，像一盏昏黄的路灯，守候在家门口几十米开外的位置。那时他读的小说是《七月与安生》，但那时的我无法理解其中的情感。我说，什么嘛，一点都听不懂。既然不懂那些情感复杂的小说，那就写写属于自己的小说吧。

后来，每当我心情变得略有压抑时就会条件反射地拿出那个笔记本，写上几百字后神秘兮兮地合上，如释重负地呼出一口暖热的气。

那篇小说当然是失败的作品，因为它歪歪扭扭，絮叨的口吻细碎得宛如天台上的尘埃。但本来我就从没想过要写一篇如何像模像样，如何精致美好，如何自然而然娓娓道出一个哲理的小说。我只是把它当作一个出口，一个倾泻压力的出口，虽然那出口狭窄得只容得下一道光前行。

彻底修改完那篇小说是在十二月初，我一字一句地将它打到了网页上。然后，满心欢喜地给他写了封邮件，并在邮件中附上了网页地址。

结果，一个星期后收到了“我没看懂啊”的回复。

说实话还是有点失望的。

我觉得，他这人作为朋友，居然没一句鼓励的话，绝对是不靠谱的。在那个暑假他给我看电脑里的照片，我一律会说，很好看。虽然那些照片本来就不错。然而现在，那句“没看懂”让我觉得，投桃没有得到报李。

所以后来，本子被锁进抽屉，使劲地蒙灰。夹在里面的照片也不见天日，直到某天我妈打扫房间时才从脏脏的本子里掉出来。照片里我穿白色的裙子，铺天盖地的浅绿就那样淡淡地湮在上面，真的很好看。

“谁帮你拍的？你男朋友啊？”

“……我哪里来的男朋友！”

“那是谁啦？”

“我自拍的。自拍懂吗？”

“你不要搞七廿三了，你当妈妈傻子啊。你用手机现在拍一张出来，我就不相信了！”

我落荒而逃。

肆

高三过去一小半的时候，我差不多已经习惯那种忙碌到深夜的生活，但我们的联络好像变得越来越少。

收到的一封简短邮件里，他说，已经两个月没碰照相机了。他从来是个没什么耐心的人，读一本书不会超过十分钟，喜欢的歌手一年换三个，高中读半年就辍学，回到家里无所事事。只有摄影这件事，他坚持了三年。这些都是他亲口告诉我的，在那年的暑假。

而现在，他说，我要放弃摄影了。

这样的话听起来令人难受不是吗?

再后来，邮件的频率越来越小了，直至彻底断掉联络。如同夏季充沛的雨水突然变成了若有若无的气流，他给我拍的照片，总有一天会全部消失不见。

再见到他是高考结束后的日子。我站在窗口看外面，对面的楼里空荡荡的，很多人家因为拆迁而被迫搬走。灰白色的墙壁上，我的轮廓被夸张地遗留在上面。被雨水和风泡旧的楼，也即将连带几辈人的记忆，全部消失。原本他房间的窗户外永远挂着蓝色运动短裤和白色T恤，现在那里什么没有。

关上窗，玻璃上的海早已干涸，因为今年夏天不再下雨。

突然，一个模糊的身影出现了。他在朝我招手。

“你回来了吗? ”我打开窗户。

他朝我笑笑，“你过来。”依旧是那种干脆利落、相当好看的，能够瞬间激发我少女心的笑容。我慢吞吞地跑过去，发现自己的心没有那种期待。

在他的房间里，气氛异常尴尬，我们站成两节呆呆的木头。以前我们会挤在凳子上看照片，现在不会了。况且他把那些照片全部删掉了，而我也把那篇小说从那个网站删掉了。他说真可惜，你可以修改一下投稿的。我说屁咧，你明明说看不懂。他笑，我只是始终不明白女生的心思。

“你考得怎么样啊? ”

“再怎么样都会去南京读大学的，你放心。”

然后他说，也许明天夏天就不会回来了，他要搬去北方住。我以为我会伤心，多少有点失落，但事实上我轻描淡写地回答，哦。

在他从口袋掏出那蓝白条纹的烟盒后，我迅速抢过来，抽出一根跃跃欲试。他说，女孩子还是不要碰烟的好。但我闻了一下，结果被那种冰凉的辛辣呛得直掉眼泪。那是我第一次见到他时，从雨水里捕捉到的属于他的气味。

冰凉、明朗、辛辣、温柔、顽皮……它们以完美的百分比组合成眼前这个人。他的一呼一吸，一颦一笑，曾经都牵动过我的神经脉络。

在那个夏天，我看到我的青春宛如叶绿素沉淀下来，裹挟着夏天成群结队死去的细胞、湿漉漉的街面、沉睡的木莲、贴满墙壁的照片、读不下去的小说……以及跟他的认识、熟悉到遗忘，蜕化成一个茧，残骸一样历历在目。

那并不是什么悲伤的事情。

我们被时间推搡着往前走，只留浅绿残骸猝不及防地待在原地，接受阳光的洗礼和空气的侵蚀。后来的我们忘却了一份无足轻重的友谊，遗弃掉曾视如珍宝的东西，以前的躯壳却还替我们保存着，死守着那份记忆。

19岁那年，我曾不止一次地幻想过我们最后一次的交集：在那本绿得简直随时可以发芽开花的杂志上，我写一篇小说而他负责摄影配图，那样人生就圆满了。但最终迎接未来我们的总是破灭的希望，我再也不写任何小说，而他，把6000块买来的照相机送给了一个乞丐。

再见。我一点也不想你。

遇见她时离高考还有九天

✽刘雅琪

人类怎么能抓住落日呢？不必抓，落日之于人类的意义就是：欣赏，然后赞美。

五月二十九日　周一

昨天下午返校我是自己骑自行车来的，今天上午签了安全责任书之后，下课就能骑车回家，开启我高中生涯最后几天的走读生活了。我有些激动起来，想象着傍晚时分骑着车慢慢悠悠回家会有多么惬意。

班级里的同学也因为安全责任书的事情有点激动，几个住校生大声嚷嚷好羡慕之类的话。新走读生们的脸上隐隐约约有一些喜悦，老走读生们早已云淡风轻，该干什么干什么。

我在班里没什么要好的朋友，没人来说羡慕的话。我不在意这些，脑子里想的都是傍晚的夕阳、微风。

有这些就够了，我想。

终于下课了，我早就收拾好了书包，边走出班门边想着一会儿走哪条路。回家的路有两条，一条向西，一条向东。走哪条路能看到最好的风景呢？两条路我都很熟，没什么稀奇风景。保安大爷看了一眼走读证就没再看我，我跨过大门口的台阶，想着这感觉真奇妙。以前是一周出一次大门，以后每天都要出大门。养在鱼缸里的鱼，刚被放生时应该会和我有一样的感觉吧。

拿出钥匙打开车锁，刚准备骑上去，我突然注意到马路对面的一个人。

在一众白色校服里她的橙色T恤格外显眼，我想她大概不是我们学校的。我们学校强制穿校服，她应该不会穿着校服出校门然后换上自己的衣服。我胡乱地想着，同时也仔细打量着她。

她拿着根冰棍在吃，白色的冰棍。是最便宜的那种，五毛钱一根，我看得出来，因为我也喜欢吃，便宜又好吃。

莫名地，我骑上车，向着马路对面的小卖铺骑去。

我走进小卖铺——就是她身后那家——也从冰柜里拿了根冰棍，站在小卖部门口吃起来。

吃了两口，我慢慢走向她。她背对着我，看不到我的动作，可我还是小心翼翼地靠近。终于，站在她旁边，我偷偷瞄她。

她手腕上戴着一个橙色的手环。又是橙色，她这么喜欢橙色啊，不，可能是搭配橙色T恤吧。我又开始胡思乱想。

她突然转过头说话，我吓得一怔。

“你也喜欢吃这个冰棍吗？”她的眼睛看着我，嘴角含着笑。

“嗯……便宜……”

“便宜又好吃！”她顺着我的话说出了我想说的。

我俩同时笑起来，看来我们很有默契。

之后我们没再说话，安静地吃着冰棍。

冰棍不是什么需要慢慢品尝的东西，很快我们就吃完了。我盯着冰棒棍想着怎么开口，她好像意识到我在想什么。

“你要回家啦？”她说。

“嗯。”

“那明天见。”

“明天见。”

我推着车走了几步，又回头看她，她也在看着我。

我挥了挥手，说了句拜拜，就骑上车走了。

真是奇妙的相遇，我想。

我选择了向西的那条路，天气很好，夕阳很漂亮，微风吹着很舒服。

我感觉很畅快，白天在班里窝一天积累下来的一身疲惫好像顺着风飘走了。我慢慢悠悠地踩着踏板，看着夕阳，有点出神。我倒也不是那么喜欢夕阳，而是太喜欢看落日时那种惬意与悠然。

我看着夕阳莫名感觉很熟悉，有一种话在嘴边却说不出来的感觉。

晚上，我坐在桌子前写日记。累了一天，没什么精力写太多，只写了几句短短的话去描述我怎么和她相遇。

最后一句我这样写道：“期待和她下次见面。”

写完这句，我突然意识到她的T恤和夕阳是一个颜色。

五月三十日　周二

正式走读的第一个清晨，不是那么美好。为了留出骑车上学的十分钟，我起得比在学校还早。爸妈不必这么早就被吵醒，于是我蹑手蹑脚地走出家门。

许久不见这么早的大街，行人很少。人行道旁环卫工人在扫地，偶尔一辆车经过，带起小小的“飓风”。远处传来一阵音乐声，滴滴答答，洒水车慢慢悠悠地向我开过来。在我辨别这音乐是哪一首儿歌时，洒水车已靠近我。我慌张地停下来，想着是不是要把自行车搬上人行道。突如其来的危机——洒水车洒的水会把我的裤子浇湿——让我愣在了原地。

洒水车滴滴答答地路过我，水在浇到我裤子上之前停了下来。几秒钟后我反应过来，是司机按下了某个停止按钮。我回头看伴着音乐逐渐远去的洒水车，在心里默默感谢司机。

之后我骑向学校，想着还是要早点出发，遇见什么突发事件自己也有个余地。尽管我早起了，但还是一路跑着进入教室才免于迟到。

班级里同学们已经开始早读了，我抓了本生物书随便翻开一页开始念。在一阵阵此起彼伏、杂乱无章的读书声中，我想起了她。

“明天见。”她当时这样说。

我在心里重复，明天见。

高三的一天很快就过去。由不得你细想，一堂堂课、一张张试卷、一道道题目会把这天填满，海浪般汹涌而来，学生们逃不掉，他们是沙滩上一次次被海浪冲刷的礁石。

当我走出学校大门时，轻轻地叹了口气，仿佛在庆幸可以短暂地离开那片沙滩。我向路对面张望着，没有人在等待。

我有些垂头丧气地推着车走过马路，停好车走进那家小卖部，像昨天那样买了一根冰棍。我站在昨天的位置啃了两口冰棍，想着她要是不来怎么办，我要等多久。我蹲下来，又啃了两口，下定决心：这根冰棍吃完她还不出现，我就回家。

当冰棍还剩下最后两口的时候，我听见背后传来脚步声。一定是她，我赶忙把剩下的冰棍塞进嘴里，又慌慌张张地站起来，转身，看着她。

嘴里塞着冰棍，我张不开嘴说话，只能挥挥手里的冰棍棒，算是打招呼，她也挥了挥手里刚拆开的冰棍。

她又用冰棍指了指我的自行车，就吃着冰棍走开了。我会了她的意，扔下手里的冰棍棒，推着车跟上了她。

“等很久了？”她开口道。

“也没有，等着也是等着，就吃了个冰棍。”

她笑了一声，然后咬了一口冰棍，嘎吱嘎吱地嚼着。

我走在她的左侧，看着她左手手腕上的橙色手环。

“你喜欢橙色吗？”我忍不住问。

她笑着把左手手腕伸在我面前，还炫耀似的转着手腕展示她橙色的手环。

“算不上喜欢，只是看着感觉很有活力，橙色很适合夏天。”她解释道，然后又咬了一口冰棍。

我赞同地点点头，心里却想着我的这个夏天可没有活力。虽然一整天安排得满满当当，整个人却死气沉沉提不起劲儿。

“你是高三的吧。”她突然说道。

“嗯……你怎么知道的？”我们也没怎么交流，她怎么判断的？我疑惑起来。

“你看起来很累，我就猜你大概是要高考了吧。”

“是挺累的，最后这几天。”

“你是不是压力大，紧张？”

“不紧张，我倒是想让高考快点来。”

我们俩愉快地聊了一会儿天。她

冰棍吃完的时候，我们正好走到一个路口。红灯亮着，我们停下来。她趁着时间倒数的时候跑到路边，把冰棍棒扔进垃圾桶。

5

“我们交换手表吧。”她提议，说完便开始动手。

4

我也开始解手表，直觉告诉我可以这么做。

3

我们交换了手表。

2

我们戴上对方的手表。

1

“绿灯了，你快走吧。”她戴着我的手表，伸手指着那个绿色的小人儿。

“嗯。”

身边的人都开始动起来，我跨上自行车向前骑去，仿佛海浪里的一条鱼。

“再见！”她的声音在我背后响起。

我扭过头看她，她站在原地。

“加油！”她向我喊出这句话。

“好！”我也大声回应她。

接下来回家的路上，我感觉身体变得很轻。

六月六日　周二

距我们交换手表已经过去一周了，我戴她的电子手环已经一周了。没什么不适应的，我只是看个时间，对我来说其他功能几乎没什么用。只有戴上的第一天我对这手环很感兴趣，点着那唯一的按钮，上下来回翻菜单看功能。最后一切都归于平静，我只需要看时间。过去的一周里，时间还是按部就班地走着，我也是。这期间我做得最多的动作就是点一下手环按钮，看一眼时间，然后继续低头写卷子。

当高考倒计时变成个位数时，仿佛所有的一切都简化了。对我们来说，所有都不重要了，只有高考是重要的。对老师们来说，把我们送进高考考场是最重要的。对家长来说，看着自己的孩子走进高考考场是最重要的。一时间，仿佛天下所有的字都失去了颜色，只剩“高考”两个字依然金光闪闪。

下午，下课铃刚响我就把头放在了胳膊上，准备睡觉。高三生的课间是宝贵的，所以我打算用来睡觉。很快我就开始做梦了。我梦见我走到教室前面，看着那块高考倒计时牌子，盯着上面的数字从三位数变为两位数，又变为一位数，最后归零。

距高考还剩 000 天

突然吹来一阵风，从窗户进来，然后冲出班门口。我动起来，或者被风吹着走出了班级。朦朦胧胧间，眼前出现了一片树林，我思考了一下，这是班级后面的树林。树叶哗啦啦地响着，风依旧吹着。

“走进这片树林”，一个声音响起来。

我犹豫地看着这层层叠叠的树干，又抬头看看密密麻麻的树叶——几乎遮住了天空。我的心剧烈地跳起来，耳边又响起那个声音：“走进去，找出一条路。”

风又吹起来，我醒了，还在教室里，还在座位上。只是多了一身汗，教室里的电扇拼命转着，风难以吹到我这边。

这个梦是某种启示吗？我边擦汗边思考。走进树林？教室后面的树只有一排，可不是什么树林。找出一条路？先不说什么路，为什么要在树林里找一条路呢？那里不是到处都可以走、到处都是路吗？怎么会做这么奇怪的梦，要是上天想启发我不如在梦里告诉我考什么题目。

我把擦过汗的纸揉成团扔进垃圾袋里，连同刚刚那个莫名其妙的梦。

大概是因为明天就考试了，今天下课很早。没什么特别的感觉，我慢慢悠悠地走向校门口。非要说的话，有一种奇怪的感觉：一向拉紧绳子的手，松开了。

我想起她，她上次是怎么说来着？

“再见！”

什么时候会再见呢？没有人回答我，也没有人告诉我。头顶一只鸟飞过，我听到翅膀扇动的声音。我站在原地盯着那只鸟飞远，不见踪影。

或许这是个不必询问的问题。

我继续走，现在只想着考试就够了。

六月七日　周三

今天和往常一样准点起床，没有早也没有晚。

今天的任务是考完语文数学这两门，其他的一切都不用担心。父母接送，警察护送，校门口的人一层围着一层。学校左右两边的路上都支起了各种简易摊子，各种品牌在发一些免费商品给高考生，甚至有家长带来了自己熬的满满一锅绿豆粥，热情地用纸杯盛给路过的高考生们。

校门口的人虽然多，但大家不约而同地留出一条路让学生们通过。走上那条路，仿佛来到了不一样的世界。人们用热切的目光注视着你，直到你进入校门口，走到他们目光不能触及的地方。

人群的目光让我短暂地紧张起来，很快我就到了他们看不见的地方，于是他们把目光转向下一个学生。感觉到背后的目光慢慢消失，我放松下来，继续走向考场。

面对考试，面对试卷，我是不紧张的。看着试卷上空出的答题区域，我感觉自己也跟它们一样：空白的、待填入的、可随意涂抹的、答案未知的……

我喜欢这种感觉，这一刻世界是纯粹的。

考完数学，走出考场，融入走向校门口的人流。我听着周围各种声音：开心的、兴奋的、焦急的、难过的、颤抖的……我边听边观察他们的表情，神色各异，交替出现在每一个人脸上。我想这已经不是人流了，而是一团正在移动的情绪。

背后有人叫我名字，我转过头，是班上的一个同学。

他问我某个选择题选的什么，我回想了一下告诉他。听到答案他的声音失落起来，说自己选错了，但表情还是勉强维持着笑容，我感觉到他很紧绷，便开口说数学很难，别在意。他的脸上还是挂着勉强的笑容，向我道别之后，他转身快步走开了。我看着他慢慢消失在人群里，想着他平时也是走这么快。他匆匆地从这个地方走到那个地方，似乎不会停下来。我在心里默默地对他说：“祝你好运。”

六月八日　周四

今天要考综合和英语。

父母送我去学校，离学校越来越近，又看见了高考应援小摊。大部分摊子上都是水和饮料，一两个穿红马甲的年轻人站在放满瓶装水的桌子后面。我透过车窗看着外面的小摊一个个向后退去，没过多久，车子停了。我下车，离校门口还有一点距离，拿上书包后我和父母道别。

我慢慢向学校走去，突然一个声音叫住我：“同学，拿瓶水再去考试吧。”我转头看见了她站在桌子后面，穿着印着“志愿者”三个字的红马甲。我怔住了，没想到重逢竟是在这里。虽然我并不想要这瓶水——书包里的水杯在出家门的时候就已经装满水了——但我还是向她走去了。

她笑着看我走到桌子前，我正想着是说“谢谢”还是“你好”，她开口了：“同学，考试加油呀。”同时，她递来一瓶水，我接过来说：“谢谢你。”

我看了看手里的瓶装水，又抬头看她：“那我们……”

“考完试见吧。”她没等我说完就回答。

我笑着点了点头：“好，考试完见，我先走了。”

我们相互挥手告别。

我走向考场。

最后一场英语考完，走出考场，我长呼出一口气。

终于结束了，我抬头看着湛蓝的天空，几朵白云悠然飘着。

我什么都不想做，只想赶快见到她。

我向校门口走去，不知不觉间我跑起来，夏日热烈的空气向我涌来。

“好热啊。”我想，伸手擦了一下脸上的汗。

走出校门，很快我就看见了父母。我走过去，告诉他们我要和朋友待一会。父母干脆地答应了，把书包给他们之后我就跑走了。

虽然不知道能不能在小摊上看见她，我还是先去了那里。摊子上的两个人正在收拾东西，一副马上要搬光的样子。我茫然地看着那两个人，都不是她。其中一个感受到我的目光，抬起头看我，认出我之后说：“她去买东西了，刚走。”说罢抬手给我指了一个方向，道谢之后我走向那个方向。

那是我们第一次见面的地方。

我刚走到小卖铺门口，她就从店里出来了，手里拿着两根冰棍。看见我之后，向我扬了扬冰棍。

像第一次见面那样，我俩并肩站着吃冰棍。

“考试辛苦了。”她说。

“谢谢，终于结束了。”我说道。

“前天在班里我做了一个很奇怪的梦。”我没头没尾地说。

“你梦见什么了？”她转过头看着我。

我不知道怎么说，啃了一口冰棍，嚼了两下才开口。

“特别奇怪，我梦见班后面的一排树变成了一片树林……有一个声音让我走进去找出一条路。”

“那你进去了吗？”

“没有，我犹豫了一下，突然一阵风吹来我就醒了。”

我们沉默了一会，只剩啃冰棍的声音。

她歪着头，像是在思考。我很好奇她会说什么，我总是对她有一种期待，不知道是好是坏。

我默默期待着。

“树林里……其实没有路吧，你没进去一方面是因为犹豫，另一方面是因为找不出路来吧。”

我思考着她话里的意思。

她又开口：“或者说，树林里都是路？毕竟只要能走就是路。”

我笑起来，这对话好像变成了什么辩论赛。可我很喜欢她这样说。

她也笑起来，笑声流淌在我们之间。

我突然想起什么：“你第一次见我就知道我们之后还会见面吧。”

“是啊，所以我说明天见。”她说着，眨了眨眼睛，像狐狸。

我感觉自己有点像被盯上的兔子，但是没有生命危险的那种。

在我掂量着之后要说什么时，我们吃完了冰棍。我想，我们之间最后一件事只剩这个了吧。我解开手环递给她，她见状也开始解手表。

我还是忍不住问：“那天你为什么给我手环啊？”

“很有意思呀，你不觉得吗？”她递过来我的手表。

我笑着点了点头：“很有意思。”

东西回到了各自手里，我感觉到我们的对话要结束了。

“我们之后还会见面吗？”

“也许不会了。”

我们看着对方，笑了笑。

这种时候要怎么说再见呢？语言有时候居然会这么苍白。

“我该走了。”她说，我明白她的意思。

“嗯。”我看着她，后退两步，对她挥了挥手。

她给我一个微笑，然后转身走了。

我也转身。过了一会，我忍不住回头看她。

已经看不到她的身影了，我抬头看看天空，天好蓝啊。

大概之后我回想起这一天会埋怨自己，怎么不再多说一点呢？可是事情往往是这样的：不论你怎么做，之后回想总觉得可以做得更好。

我又想起第一次见她时，她穿的那件橙色T恤，是落日的颜色，是夕阳的颜色。

人类怎么能抓住落日呢？不必抓，落日之于人类的意义就是：欣赏，然后赞美。

后来你被我写在诗里

火花勋章

✽王若虚

火花出现前无声无息，耀眼在刹那之间，存于记忆的光晕。只是一闪，却是永远。

当天下午四点左右，女孩的遗体被打捞上来。

由于距离事发只有两个小时，她的五官面貌并没有多大变化，白皙的脸蛋上耷拉着几抹栗色的头发，嘴唇发白。身材娇小的她神态安详得好像只是刚游完泳上来，然后就在岸边大意地睡着了，呼吸声轻得你不仔细听就听不到。

跪在一旁的救援人员没有在她身上发现身份证和学生证之类的东西，但她的身份依旧很明显：夏粤然，L大学工商管理系二年级六班。

因为那批落水失踪的学生里，就她一个女生。

其他几个最后同样无法依靠自己的力量上岸来的男生则有三位，分别叫：童城、付天瑞，还有孟尤。

请记住他们的名字，这很重要。

一、考考

进大学之前，考考还不是夏粤然的昵称。

夏粤然同学毕生所受家教严格，粗话脏话是不能说的，即便是在网上聊天或者发短信，这一度在中学时代给她带了来“伪淑女”的私下评价。没想到进了大学，该女子走错一步棋，误入了学生会，里面那些乱七八糟的事情排山倒海，以至于打破了夏粤然前十八年的人生准则。

大一下半学期刚开始那会儿，她终于看不惯学生会里的某些作风，愤而从宣传部辞职。临走前，在行政楼大厅里对着学生会副主席远去的背影比画了一下无名指，也算是心意到了。

除以上这几次偶尔出格之外，夏考考的人生都是矜持不已的。她有个当国企领导的父亲，一个当中学副校长的母亲，家境和家教成正比。另外还有个不提也罢的前男友。

那男孩和她同系，两人大一恋爱，甜蜜蜜过了一年多，到大二刚开学，系里要选派几个人去法国当交换生交流一年，两人都在竞选名额内。考考知道自己的男朋友虽然家境平平，此生却无限热爱法国的事物，且交换生的费用学校承担三分之二，就主动退出竞争，打算自己花钱去法国旅游，相当于兵分两路，最后还是在塞纳河畔会合。

谁知道就在她办签证的时候，“先走一步”还不到一个月的爱人就卸磨杀驴，和另一个在法国当交换生的中国女孩恋爱了。

于是考考这辈子就没去法国。

而这也成了她一生中唯一也是最后一次的恋爱。

在接下来的很长一段时间里，夏粤然基本上把所能想象到的一个失恋的内敛女子能做的事情都给做了。不幸的是，新手上路，知之甚少。

恋爱后的疯狂举动和恋爱本身一样，都是冲动所致，时间一拖久，那念头就开始淡了。夏粤然眼看着手腕上用镯子掩盖着的那道血痕的颜色渐渐淡去，心里反倒起了股恐慌，想到以后要是留了疤痕就完蛋了。于是她悄悄买了各种各样的祛疤软膏，每天趁着没人注意的时候勤快擦拭，还按照不知道从哪儿搜来的偏方猛吃香蕉以防留疤，搞得室友有段时间以为她被大猩猩灵魂附体。

以上这些都发生在锦水江事件的半个月前，如果不是后来的那场灾难，谁都有理由相信夏考考不久之后就能走出阴霾。

后来在报纸和新闻网站上出现了很多次的锦水江，位于L大所在的城市南郊，此前可谓默默无名，极为低调。它在风和日丽的时节确实是春和景明、岸芷汀兰、郁郁青青，但前提是不要随便下水，尤其是秋冬季暗流湍急温度又低的时候。而出事的地段正好处于江水回流区域，水流湍急，坡陡水深，浅处有四五米，最深处达八米。

这天结伴骑车来锦水江边上的七八个L大学生，都是考考所在班级的。因为系里要拍摄一部宣传片来迎接百年校庆，全系十一个班级都被分配到了不同的拍摄场景。六班的就是蓝天白云的郊外，地点就选在锦水江畔。因为整部片子是相对比较浩大的工程，辅导员顾不过来，所以当时没有老师在场。

根据事先的分工，夏考考负责拍摄现场花絮，为此她还被分配到一台数码相机。但她显然无心于正业，因为对一个失恋的人来说，在野外散步呼吸下新鲜空气比什么事情都要具有诱惑力。所以在他们抵达现场后不久，夏粤然就撇开大部队单独行动了——她独自漫步到锦水江边的一座木头小码头那里，并不时拍些风景照。

这个距离江面一米多高的小码头又脏又旧，走上去有些摇摇晃晃，是后来一切灾难的源泉。当初搭建它大约是为了临时给船靠岸，结果用完之后忘记拆除，“临时”就变成了“永久”。不过在小码头上她并不孤单，因为还有三名像是初中生的少年在那里打闹嬉戏——事后查明他们是逃课来到江边的。

不幸的是，这种美好平和的景象没有持续多久，灾难就发生了。谁也不知道这座破破烂烂的木头小码头到底在江边矗立了多久，也不知道是不是因为那三名少年实在太闹，给原本就破旧的木质结构施加了无形的压力。总之，当时在草坪上刚刚摆开阵势要拍摄的学生们听到岸边一阵尖叫，有几个人立刻跑向那里，发现码头上的人都不见了，而码头本身也只剩了小半个，余下的都落进了湍急的江水。

后来从被救的一名少年口中得知，码头忽然坍塌时，他就在那个女大学生边上。女生站在码头相对靠里的地方，掉下去时一只手下意识地抓住了码头破碎部分的一块木板，另一只手则正好拉住了他。两个人完全依靠夏粤然的手臂支撑着，才不至于完全掉入江流中。

但相信夏考考当时也意识到了一个致命的问题:她自幼身体较差，从小到大跑步、俯卧撑之类的体育项目成绩总是悬得很，倘若不是她那个当副校长的妈妈的保驾护航和托关系，高考前的体检之路说不准要坎坷很多。而她各项身体素质中最最差的，除了八百米长跑，就是臂力了。

所以，一手抓住落水少年的夏粤然苦苦坚持了十秒钟不到，另一只手终于没能继续抓住那块救命的木板。

于是一场梦魇在下午两点二十七分正式降临。

二、童城

童城是在发现有人落水之后，第一个跳入江水下去营救的。

商科类学院男女比例的悬殊仅次于影视和外语学院，童城是这里面少数极富男人味的男生：个子一米八四，体重一百五，嗓音嘹亮，从小到大都是体育课代表，在考进大学之前篮排足乒羽每样都喜欢，当然还有游泳。但是进了大学之后这些东西都玩得少了，因为他除了上课，其他时间基本用来打工做兼职。

童城家在农村，一个单名“城”字，包含了父母对他人生路途的希冀。他也属于千千万万出身农村的大学生里最有良心的那一类：十八岁之前，还在没心没肺地热衷于拉一支队伍去球场打球；十八岁之后，当他揣着父母东拼西凑的学费来到这座城市念大学时，倒没有沉迷于花花世界。

L大属于综合类大学，人口众多，所以兼职中介不少，机会多多，虽然普遍待遇很低，但只要你肯做，一个礼拜三四份工作是可以跑下来的。所以如果赶巧了，你在某天上午会发现童城在教学楼的宣传栏贴公务员考试培训的海报，中午发现他在食堂围着围裙收脏盘子，下午他在西门口为奶茶店发传单，晚上他又骑着老破车去给附近的小孩补数学。

这么忙碌下来，童城每个礼拜的生活费是正好足够了，因为他爹妈只凑得起学费。

童城刚进大学时不抽烟不喝酒，不玩电脑游戏，也没有手机，有事你只能打他们宿舍的固定电话。后来他谈了个恋爱，不得已花两百多块买个二手国产杂牌机。此手机比他女友还要任性，屏幕时好时坏，短信更是常常只进不出，总遭童城责骂。但骂归骂，其实他很宝贝，睡觉都护在胸口，宛如第二心脏，也不怕辐射。

后来，锦水江事件的救援人员在紧接着夏粤然之后打捞出他的遗体，发现他当时连外套都没来得及脱就跳了下去，那台宝贝不已的手机还揣在兜里，已经像他的主人那样完全损坏，无力回天。

除了节俭，就事论事地说，童城也有不少臭毛病。比如晚上不刷牙不洗脸，五天一洗脚，十天一洗澡。这给他的宿舍生活带来了很不好的影响。每次他不在的时候，在气味上深受其害的下铺总是在别人面前嘀嘀咕咕说童城坏话。听的人总是点头附和，但不会添油加醋，因为童城平时待人还是很客气的。只要你不问他借钱，请他帮什么忙，尤其是体力上的，他总是爽快地答应。比如锦水江事件发生时，童城完全是作为宣传片剧组的劳动力来搬道具的。

关于背后的坏话，终于还是有人传给了童城本人。为了避免以后继续发生矛盾，他倒是主动向辅导员申请搬到隔壁宿舍。

新的宿舍住了三个烟民，中外各类卷烟的味道终年集结于此，原来的第四个人就是因为害怕毕业的时候带着肺癌一起踏入社会才逃走的。童城不洗脚的味道在终年缭绕的云雾里倒也显得不那么刺鼻。而且他后来也学会了抽烟，是那种四块钱的软壳牡丹。

童城学会抽烟也就是在大二刚开学。那时候他接到母亲的长途电话，说父亲得了很不好的慢性疾病，需要花钱。父亲自己不知道这件事，更不知道治疗的费用累计起来简直是天价，基本上要赔进去童城未来两年的学费还多。在老爹和大学之间，童城开始面临着艰难的抉择。那时他打工慢慢有了点积蓄，四块钱的牡丹还是偶尔消费得起的。他的室友时常能看到童城独自坐在阳台上吞云吐雾，那支烟不烧到烟屁股就绝不扔掉。

除此之外，他女友也不让人省心。那姑娘也是外省考来的，在他隔壁班，出身工薪阶层，长相平平，身材和长相一样平平。当初她大约是看中了童城强健的体魄和忍辱负重的性格，觉得在茫茫大学男生中，童先生乃当之无愧的真男人也。两个人在一起的时候，很多费用都是AA制的，而且基本就在学校附近消费，勉强还能过得来。但两个人在一个问题上的意见从未统一过，那就是童城毕业后想回老家，女友却想去上海，二人总想说服对方跟着自己走——方向问题就是原则问题，原则问题不解决总是很麻烦的。就在出事前一个礼拜，童城还和他女友为这事吵了一架，并且气不过，还出手打了她一巴掌。

一拍两散，大抵就是这意思。

出手图了个痛快之后，童城也冷静了。他苦苦思索了一夜，觉得男人打女人不像话，自己也太天真。其实他们本来就是要各奔东西的人，况且自己这个大学能不能继续念下去还是问题。在一口气抽了半盒牡丹之后，他做了个决定:既然注定要分别，那就分了吧。仔细想想，谈了半年多，自己居然一件礼物都没给女友买过，作为一个男人来讲实在是有些不堪。于是他摸出五十块钱，委托一个同学在淘宝上给女友订购了一件小礼物。

当然，他还没准备好提出分手时的说

辞，所以在等快递的这些天，他一直在打着腹稿，至少几十种草稿在他肚子里堆积如山。

但和说话艺术的精心推敲不同，在夏粤然他们落水时，童城的反应迅速无比，但又有些麻痹大意。他是会游泳，但他老家的那条河很小，水流也不急，他闭着眼睛也能游过去——而且这是好多年前的事了，在去县城的高中念书之后他就没再下过河。

可他觉得自己没问题，连衣服都没脱就跳了下去，动作熟练得一如当年下河去摸鱼捉虾。

差不多也就在这个时候，一个快递员抵达了他们宿舍楼下，将一个小包裹交给了管理员阿姨。阿姨知道童城他们班出去搞活动了，一个小时之后就该回来了。而更早之前，就在童城他们出发之后没多久，他们隔壁班的一个女孩来找过童城，错过了，留了一封信在她这里——到时候这两样东西可以一起交给他。

三公里外的锦水江畔，童城费了九牛二虎之力救上来一个落水少年。江水寒冷直刺骨髓，湍急的水流让人游起来非常吃力。当他犯着喝了江水的恶心爬上岸边时，发现又出了一个意外：和下水前比起来，现在落水的人居然只多不少。

童城骂了一句家乡方言特色的粗话，又一头扎了回去。

这是他在岸上说的最后一句话。

三、付大宝

付大宝绝对是个“坏人”。

如果没有锦水江事件，他身边的人一定会这么告诉你。

绰号大宝的付天瑞自从在高考后的暑假里玩上网络游戏之后，大学对他的学习意义就不复存在了。刚进大学时他还没带电脑，只好去网吧，生活作息极有规律，只不过和正常人是相反的：每天玩游戏到凌晨六点才回宿舍睡觉，下午四点准时醒来直奔网吧，在那里叫一顿饭，边吃边玩。所以在大学最初的三个星期里，付天瑞属于那种神龙见首不见尾的人物，他的下铺基本上没和他说过话，因为他早上起床的时候付大宝已经睡下了；等他傍晚上课回来，付大宝早就出发去网吧奋战了。反正管理学院的课平时不大点名，考试抱个佛脚或者打小抄就可以了，付大宝的小聪明总是很多的。

谁知大一下半学期的时候，他连续在网吧不眠不休奋战三天，终于昏厥过去。好在抢救及时，没有成为“上网猝死”的反面典型。打那之后，网吧里就没了付大宝的身影。

他是很惜命的。

后来买了笔记本，付大宝除了上网看碟，偶尔也玩玩单机游戏，但从不超过一个小时。

因为当年在网吧通宵苦战的经历，付天瑞同时养成了吸烟和不注重卫生的习惯，晚上不刷牙，五天一洗脚，十天一洗澡。当初童城搬到付大宝他们宿舍，顿时有种万分亲切的感觉。而且两人在这“一五一十”的周期上是保持着精确同步的，每到那两个特殊的日子，你就能看到付天瑞和童城一人一个洗脚盆坐在那里笑侃风云，或者端着洗脸盆、穿着拖鞋，一起走在去学校澡堂的路上。

因为这个，童城后来每到想抽烟又没钱的时候，付大宝总是及时递过来一根红梅、白沙或者黄鹤楼，然后童城很感恩地谢过，独自走向阳台。付大宝也不跟着他，总是默默地看看阳台上那个蹲着的背影，然后扭头去看笔记本屏幕。

如前所述，付大宝是很聪明的，也很识趣。童城的细微变化他看在眼里，基本能猜出点什么，但他和童城始终表现得像烟酒朋友加洗澡朋友，什么实质性的敏感话题都不说。只有一次，那年的中秋节在学校过，中午付大宝和童城喝多了啤酒。付大宝醉醺醺地拍着对方厚实的肩膀，在吐出酒菜之前吐出了一句看似有点假的心里话："这个学校，我付天瑞谁也不佩服，就佩服你童城！唔，唔，哇……"

除了这份真情流露，付天瑞平时在学校就是大懒虫外加有点小愤青。比如那个上课只会念课本、放幻灯片，开大会时却能滔滔不绝讲上两个小时的管理学院副院长，这厮居然关了那堂课一半以上的人，还美其名曰"压力教育"——付大宝就偷偷在副院长那辆雷克萨斯车身上撒了两次尿。

最后那次在雷克萨斯上作案，正好是他们班去锦水江拍宣传片的前一天。当晚付大宝看电影看到凌晨三点，本来第二天不打算去的。但这天他起来刷了个牙，吃了个代替早饭的午饭，电脑上正在下的一部电影距离下载完毕似乎遥遥无期，他觉得待在宿舍里无聊，外面又晴空万里，就心痒痒了，坐上童城的老坦克后座，想把宣传片拍摄活动当作一次郊游。

在锦水江畔发生紧急情况时，付天瑞还在草地上盖着外套打瞌睡。猛地醒来之后跑到江边，考考班这天来的人也就七八个，大部分是女生，剩下的男生里会游泳的都已经跳了下去，岸上还留了五六个人。他听其他人说，落水的足足三四个人，跳下去救人的也就童城和另一个男生，明显人手不足。

所以，男生再不下去一两个是不行的。

付大宝之前在学校里的游泳课只上了三节，比旱鸭子微微只好了那么一丁点，此刻不会盲目下去。但他是那种很有小聪明的人，危急关头居然还能想起他们来的时候带着一个饮水机桶装水的空水桶，是作为拍摄道具用的。浮力的问题是解决了，可他是否能在湍急的江水里抓到人再游回来，他的眼光落在了同样是拍摄道具的一大卷黄色封箱胶带上……

现在回过头来看，抱着一个空的大水桶，身上绑着一圈连到岸上的封箱带下到江里救人是九死一生的行为。但当时是星期三，锦水江畔人烟稀少，肉眼能看到的渔船也在很远的江面上。付天瑞找不到更好的办法了，反正，他绝不能眼睁睁看着四个人在水里挣扎，一共却只有两个人去救。

在此之前，付天瑞跟童城吹嘘过自己从小到大多少次大难不死：两岁的时候和父亲去澡堂，一不小心掉进了大池子，快要淹死的时候被人家捞了起来；高中时过马路，有人酒后驾车，把一个走在他前面一米处的行人撞到半天高……如果说童城是过于相信自己的游泳技术，付天瑞就是拿自己的好运气来赌一把。

几十米长的封箱带被火速地全部拉展

开，一头缠在岸边的栏杆上，另一头在付天瑞身上缠了好几圈，然后他就跳下了江水。

“其实他下水后没多久，那根带子就断了。”一个女生事后回忆说。

水里的付天瑞可能还不知道这件事情，岸上的学生一开始还能看到他抱着那个空的塑料水桶往一个快要没顶的落水者那里游，但后来不知道怎么的，人一下子就不见了。再后来只能看到那个水桶在江面上漂，而付大宝再也没有浮出头。直到落水半小时后，他的遗体被打捞上来。

就在他从江面上失踪的同时，L大的男生宿舍里，付天瑞的笔记本电脑还开着，上面挂着QQ，初中同学群的头像一闪一闪，讨论着同学聚会的事情。而电脑小窗则显示下载完成了78.3%。

他永远也看不到这部电影了。

后来跟付天瑞一起住了两年的室友在接受学校电视台采访的时候说：“大宝这人平时一点也看不出什么英雄气概，有一次他还对着门户网站上的一条大学生为了抓小偷而被歹徒捅死的新闻说：‘这人怎么这么傻，偷就偷了吧，又没偷你的钱包，还是命要紧啊，是我的话在那里喊一嗓子最多了，然后自己赶紧跑。’”

当然，这段话被学校电视台的编辑在后期制作时删除了。正式播放的版本里，那个室友在画面切换后说了句让观众看不大懂的话：“真没想到，真没想到……”

四、孟尤

孟尤就是付天瑞在绑封箱带时，负责在岸上拉住带子的人。

凑巧的是，就在高一的时候，他那个双胞胎兄弟同样为了救人，被车子轧死了，所以原本一起参加高考的兄弟两人，最后只剩下他一个，如愿考进弟弟本来要考的学校。

但他的性格也越变越怪。

认识孟尤的人都觉得这人沉默寡言，但是其实很好说话，进了大学以来，从不和任何人争执。老师让他做吃力不讨好的班长，他毫无怨言。他家相对富裕，不少人向他临时借钱，少则五块多则一百，都很频繁，他向来不会说不字，也不会想起来问你讨。日子一久，粗心的债务人忘了，就没还；有的人存心不还，也就成了无头债。所以大家都觉得他很好欺负，对他在工作上的事情也是经常不配合。

比如锦水江事件当天，本来他们班拍宣传片的应该有十二个人，但出发时只来了七八个，也说明了他这个班长毫无号召力和威信可言，很多人都没把他放在眼里。

除了付天瑞。

在懒懒散散、粗枝大叶、有点小愤青、又从来不问别人借钱的付大宝看来，孟班长属于那种怪里怪气、不知道成天在想点什么的人，还有点大老爷们不该有的洁癖，宛如娘娘腔。他自然不知道孟尤那个双胞胎兄弟的事情。倒是当初孟尤被分在他们宿舍，住了没几天就被香烟熏坏了，但他也不明说，某天下午四点付大宝醒来，发现对床上铺空空如也，一打听才知道孟尤已经征得老师同意，换到斜对门的宿舍去了。

“最讨厌这种人了。”付天瑞后来对童城说过，“做事情不声不响的，最会害人。”

另外，孟尤的胆子小也是付天瑞笑话他的原因之一。比如此人每天晚上都要打电话给省城老家的父母报平安，告诉他们自己还活着。这也就算了，关键是通话的结尾，他居然还提醒母亲“窗户关好，煤气阀门关好，防盗门和屋门都记得闩上”——每晚都是雷打不动这番话，从不落下。

每次付天瑞拿这个来开玩笑，童城总要为孟班长辩护几句：“这叫孝顺。”

就是这样一个被付天瑞嘲笑和鄙夷的班长，在锦水江事件的紧要关头，首先用手机拨打了110求救电话，然后又被付天瑞委以了负责拉绳子的重任。

“我要是不行了，或者抓到人了，就朝你挥手臂，马上把我往回拉！”这是付大宝最后向他交代的。

接受任务的时候，孟尤自己也是有点哆嗦。自从亲兄弟出事之后，父母对他总是格外关照爱护，当初他考上L大，父母都巴不得举家搬来陪读。这种教育导致他遇到大事总是没有主见，只好等着别人分派任务然后自己去完成。

然而付天瑞下水之后不久，孟尤就发现那根不堪重负的封箱带断掉了，付大宝估计是有去无回。童城救出第一个少年后上岸，发现自己的旱鸭子好兄弟居然就这么下水了，于是又回到了水里。

当时留在岸上的几个女生，有几个已经往远处跑去喊人，或者朝下游的渔船狂奔而去。当她们带着其他人赶来时，岸上的孟尤已经不见了。她们还以为他也是去哪里喊人了，因为连抱着空水桶的付大宝也没挺过来，何况孟班长那体质，应该不会跳下去救人。

但她们都错了。

一直到后来，人们检查孟尤放在学校的遗物，才在那台苹果笔记本电脑里发现了一个名为“K K”的文件夹，里面都是同一个女孩各种各样的手机照片，从角度看应该是偷拍。

夏粤然，夏考考。

这是孟尤笔记本里唯一存放的女生人物照片。而唯一的男生人物照片，则是当初他和他弟弟的合影。

其实就在事发的前两天，孟尤还在做噩梦梦到自己死了，是在火里。他特意找学校外面马路上的瞎子算命，得来的都是连猜带蒙的东西，却让他心里得到了慰藉。自从家里的小孩只剩下他一个之后，他就格外害怕死亡，也格外憎恨“英雄”这两个字。当年他弟弟出事后过了一个星期，他才回到学校上课，一个同学把一张写着弟弟英雄事迹的报纸给他看，孟尤闷了几秒钟，忽然将报纸撕得粉碎，用从未有过的高亢声音喊：“什么英雄！我弟弟不要做英雄！我也不要！滚！”

从此再也没有人向他提起这件事，他也不对任何人说。

这也是他在弟弟死后唯一一次表露了自己的情绪。

至于夏考考，也没人知道他对她到底算什么意思。两个人在一个班级，却几乎不怎么说话。孟尤是从什么时候开始有这么多照片也不得而知。那个文件夹里仅有的几张不是偷拍的照片，都是夏粤然放在个人空间上的。锦水江事件之后，四个人的名字被广为传扬，网上除了童城，三个人的空间被访问了几万次。但孟尤限制了陌生人的访问，只能隐约看到，他网上的好友连十个都不到，其中之一就是夏考考。

他是为了得到她的照片，才去注册的吗？

答案应该是肯定的。

除了苹果笔记本里的线索，人们还在孟尤的课桌立柜里发现一只养在笼子里的小仓鼠。显然这是偷偷养的，因为宿舍条例规定不能养宠物。孟尤的室友说，这是他一周前买回来的，说只是放养几天，到时候要送给一个朋友，那朋友前段时间似乎心情不太好，送这个能帮助恢复。当时他室友还很纳闷，想性格古怪的孟班长居然还有别的朋友，而且还这么上心这么体贴，真是稀奇。

现在一想，下个星期三，就是夏粤然的生日了。

而当时的一个女生回忆，那次拍摄宣传片时，孟尤因为是班长，所以负责摄影，连摄影机也是他的，他从头到尾都很忙，夏考考什么时候离开了大部队，他也未必注意。可落水事发时，他倒是第一个冲到岸边的，想来，其实他心里一直很清楚她是在哪里的。

他是第一个到岸边的，也是最后一个跳下去的。那边千钧一发的时候，他是为了救落水的夏考考，才在犹豫了这么久之后一跃而下的，还是因为童城和付天瑞他们几个都下去了？他终于也克服了长期以来对死亡的恐惧和懦弱，要把他们几个都救回来？

这是个永远无法回答的问题。

锦水江事件发生后的第五个小时，也就是晚上七点，最后一个下水失踪的孟尤的遗体在江河下段的水草丛里被发现，而之前的三具遗体已经被运走。

他终究没有救起想要救的人，更没有和暗恋的人躺在一块。

这场事件中唯一不遗憾的是，最早落水的三名少年，有两名被成功救起。

五、火花

管理学院工商管理系六班最近的一次班会，由孟尤发起，当时他站在讲台上宣布的主题是“畅谈理想”。其实现在的大学生似乎很少谈理想了，或者大家的理想几乎都统一了，那就是好工作、好收入，撞大运能买套房子。

若干年后，锦水江事件已经成为尘封的记忆，只活在少数人的脑海里。而当年六班的大学同学在聚会时，说起他们四人当初谈到的理想，都唏嘘不已。

夏粤然的理想几个女生记得很清楚：周游世界，除了法国。

童城的理想是他嘴上说了好几次的：挣大钱，给父母养老，城里房子太贵，乡下盖幢别墅就行。

付天瑞对理想就四个字：滚蛋，戒了。

孟尤呢？没人能记得他说了什么，他似乎什么也没说。

对这个纷繁的世界来说，生如鸿毛，死得重于泰山，他们都是无声无息的。

火花出现前无声无息，
耀眼在刹那之间，
存于记忆的光晕。
只是一闪，
却是永远。

瞬间

✽ 张秋寒

我记得的，是五更的风。我留下的，是最美好的面容。鲤鱼深红，游荡西东。白鹤成行，飞过苍松。月亮啊月亮，请记得抚慰情人，抚慰他疲惫的梦。

·········▶▶ Chapter1 她叫辛佰

辛佰不住在宿舍。

她一天一套衣服，夏天半天一套衣服，宿舍柜子放不下。她需要二十四小时热水，被套床单要随时清洗，宿舍也满足不了。她夜里十点到十一点之间要吃银耳和红枣之类的羹汤做宵夜，学校没有。她喜欢看话剧，常常买时令花卉装饰屋子，而新校区地理位置偏僻，离大剧院和花市太远。

总之衣食住行样样不达标。

原则上，大一新生是不允许住在外面的，辛佰去和那个难缠到远近闻名的辅导员关起门来谈了一上午，拿了一纸证明和一枚红章回到宿管那里对接，下午就拖着行李走了。

我从来没有想过自己可以和这种人做朋友。

午后的辛佰拿专用的花艺剪刀慵懒地修着一枝迷迭香，插入长颈玻璃瓶，说："外人看我总觉得难相处。"

辛佰给我沏红茶。我问她："你家就是本地的，为什么不和父母住呢？"

辛佰说："离婚了。爸那儿有后妈，妈是自身难保。"

我说："对不起。"

辛佰笑了笑："怎么跟做《艺术人生》似的。"

·········▶▶ chapter2 你比他更重要

我学着辛佰的样子淡扫蛾眉，换上浅绿色的巴厘纱长裙，与辛佰手挽着手去看演出。辛佰穿的是一条亚麻的白裙，踏着平底鞋仍旧高我半头。外人说我像辛佰的丫鬟，走在一块，像小青给白素贞打伞。我是有点郁闷的——再本分的女孩子也不希望自己总是别人的陪衬。可她毕竟是辛佰啊。辛佰意气风发、光芒万丈，我能做一颗小行星绕着太阳总比那些被淹没在宇宙里的小星星强。

体育馆里人头攒动，座无虚席，演出请的是青年民族乐团，学生会的人在做最后的准备工作。辛佰同我耳语，再次叮咛："一会儿要是看到他，只管不说话。"

我嘴里应着，只怕自己做不到。那一日，宋御跟我说可以做普通朋友。我伤心，可又觉得做普通朋友也不错。辛佰恨我没气性："也不错？吃不到饭的人说喝口汤也不错。能不错吗？他是饿，不是渴。等个爱喝汤的人来才是你适得其所。"说完她拧了拧我的嘴巴，大概是不指望一向后知后觉的我在这一时半会能领会得了了。

一直到演出结束，宋御也没出现。据说隔壁理工大也在搞活动，学生会派他去联谊。

辛佰说："你死了这条心吧。理工男什么特点你也知道。"意思是，他这样风流倜傥，日后多跑两趟，不怕比邻而居的姐姐妹妹们不叠起罗汉排队窥墙。

看样子，宋御身边是不缺女生的，一年四季花团锦簇莺歌燕舞。只是没有听见过什么恋爱的消息。又有人说他在老家好像有个青梅竹马，可到底也是道听途说。他的爱情和他的眼神一样扑朔迷离。

我坐在辛佰的妆台前，镜中自己确实五官平庸乏善可陈。

辛佰在灯下补衣。她的衣服之所以多，是因为保养得当。十六七岁的裙子拿出来改一改依然像模像样。辛佰无疑是美的，灯影中，棱角弧度循序渐进，五官大小恰如其分，犹如墨画出来的完美侧影。不怨别人背后说，我自己都觉得与辛佰为伍实在不配。爱情和友情都讲究平起平坐，低到尘埃总没有什么好的结果。

辛佰一周吃穿用度的开销抵我一个月的，这是来自偏远小县城的我怎么也比不了的。辛佰通三国语言，高考后入学前的暑假里就已经替出版社翻译过六百页的巨著。又会竖琴，还懂医道，这也都是我难以望其项背的。外貌则是最重要的一项，人一旦漂亮，但凡别处不足，有美貌打底，尚不致太灰心，大面场上总可救过补阙。

我说："我去整个容吧。"

辛佰一向从容，听我这么说，险些被针戳到手指："为一个男人急功近利地拿身体做赌筹，这风险也真不是一般的大。"说完她继续低头缝衣。

我把玩着辛佰大大小小的香水瓶不发一言。

我想整容并不是为了宋御。男女走在一起，性别有异，评价是不是郎才女貌有待考量。两个女人走在一起，能不能平分秋色显而易见。

我觉得辛佰比宋御重要得多。

………▶▶ chapter3 他和我一样爱你

晚间，我和辛佰在后巷吃了饭，各自打道回府。往宿舍走的路上，我遥遥瞧见宋御，转身闪入图书馆一侧的小径。可是，来不及了，宋御已经看到了我："玲子。"我窃喜——他这么指名道姓，我就不好再置若罔闻，那这样说起来，也就不算不听辛佰的话了。

宋御问我一会有没有空，想请我喝杯茶。我借“回宿舍换衣服”之名给辛佰打电话汇报。辛佰说：“不要高兴得太早，只有一种可能——他有事要请你帮忙。”

我听了不高兴。像是我一点魅力都没有，像是他一点情分都不讲。

和宋御喝完茶，我没回宿舍，直接打车到了辛佰家。一梯一户的单身精装公寓，直逼六位数的仿古雕花防盗门，一年的物业费够我交两年的住宿费，门一开自然是那个窈窕娉婷人见人爱的美人。她轻描淡写得好像这些天赐的好事都与己无关一样：“不是去喝茶了么。”

我把宋御托我转交的信递给辛佰，转身就走。

辛佰一把抓住我。

我们洗过澡，换了衣服，我湿漉漉的头发散落在辛佰的腿上。窗外坠着密密的星斗，夜风也像带着碧绿的颜色，帐帷松软低垂。

我问辛佰：“他信里说了些什么？”

“我也不太懂他想说些什么。”

我冷笑。到了这个份上，何必再遮遮掩掩。

“电影里讲的——你猜中了开头，却没有猜中这结局。”我对辛佰说。

如今的时代，年轻的人之间总不会发生义结金兰这样充满古意的事。可在认准辛佰作为推心挚友的时候，我就立下誓言，一切都可以同辛佰分享。甚至哪一天，心仪的男生如果爱上辛佰，我也会毫无怨言。

大概立誓的瞬间都以为誓中的事是不会发生的吧，凭的都是一时的热血。

只是，如果辛佰不是辛佰，或者，我如果不是辛佰的朋友，只用一个路人的眼光看路人，总难说辛佰和宋御不登对。这么久，我居然没有发现这一点，像只丑陋卑微的蜘蛛高枕无忧地躺在沾满灰尘的网子里，看不见外面的花花世界和鸳鸯蝴蝶。

辛佰很随意地把信夹到一本书里，没有撕掉扔进纸篓，也没有珍重地置入柜奁：“如果有一天，我接受他，一定是因为我爱上了他。但显然，光这一张纸，我还不至于到那个份上。”辛佰想了想，又笑起来：“看上去那么花的人，居然还用传信这种土办法。”

我有话讲不出口——你如果拿我当朋友，应该狠狠拒绝他，就当为我报仇。

辛佰秀外慧中，一眼就看出我头顶冒着怨气。

“让一个人受伤最好的办法不是一巴掌扇回去，而是不做声。因为你压根还没看上这个对手。何况，有些人无论得到怎样糟糕的回应，都觉得尚有转机，会努力造势，好柳暗花明。别去惹那个麻烦，我们一切顺其自然。”

我恍然大悟，拌着两匙蜂蜜，喝下满满一杯辛佰的自制老酸奶，躺在她身边，心满意足地睡去。

·········▶▶ chapter4 抉择

毕业前的一个黄昏，三号食堂空旷得像是暑假提前来到。我和辛佰对坐在一张靠窗的桌边慢慢地吃饭。夕阳照耀着清汤碗，碗中浮着细碎的小葱花，心事也好像一下子变得透明。我们小心咀嚼，间歇轻声对谈，什么都像是有事要发生的样子。

辛佰搁下筷子，说她吃好了。

我抬起头，说："那你等我一下。"

辛佰说："你知道吗，实习证明的事宋御帮我解决了。"

我坚持着把一筷子肉丸挑起来，送到嘴里："这样啊，总算有着落了。"

吃完了饭，我没有像以前那样拉着她的手绕操场散两圈步再送她到北门等公交或打车。我们走到图书馆那里的小卖部就不约而同地停了下来。辛佰说去买两瓶水，我站在水杉树的绿荫里等待。我的黄桃味维C，辛佰的矿泉水。我们不在生理期，辛佰都买的冰的，水珠挂满瓶壁，像是一把辛酸泪。

辛佰把水递给我。我们在小卖部门口告别。

事情缘起实习证明。辛佰打算毕业后从事自由职业，别人找单位打杂时她正远赴山区拜师学蜀绣。后来大家都陆续上交了材料，唯独辛佰没有动静，院里不听她解释，说那是以后她自己的事，现在要毕业就要实习证明，不然别想拿学位证书。时间紧迫，辛佰又不想求她父亲，宋御听到消息，在樯橹欲倾的危急时刻搭了把手，于公于私都是水到渠成。

辛佰因为一纸实习证明接受了宋御。而辛佰又曾经说过，她要是接受宋御一定是因为她爱上了他，绝不会仅凭一张纸。想到这里，我明显感到了自己的鲁钝，脑子根本转不过弯。但我很快接受了这个事实——辛佰爱上了一张纸，并且在纸和友谊之前选择了前者。作为后者，我心比天高，命比纸薄。

时隔半月拍毕业照，我和辛佰仍旧站在一起。我化了妆，辛佰素颜，烈日下我一张花脸衬得辛佰芳泽无加。拍完了，大家一个个从危险的阶梯上走下来，宋御伸手来扶辛佰。我向他点个头，说有包裹要赶着寄回家，然后和他们说了声"再见"。

这个再见的有效期是三年，三年后我和辛佰再次相见。

………▶▶ chapter5 重逢在清凉的秋天里

当时我正在办理离职手续，为漏缴的公积金和公司谈判，突然我接到了辛佰的电话，问我忙不忙。我暴躁的心蓦地沉静了下来，走到门外，与辛佰大致寒暄几句。辛佰的声音里有种我未曾领略过的温柔，我以为是久违了，后来辛佰才说她要结婚了，想请我做伴娘。

那是秋天，杏林路的梧桐树安静地站成两行，落叶飘过，空气中流动着清冽之气。我站在店门口，望着街上稀疏的行人出神。辛佰叫我："好看吗？"

我回转过身，见辛佰身上是一件斜肩的刺绣婚纱，洁白宽大，如同广玉兰丰硕鼓润的花瓣。辛佰穿在身上无疑是美的。但我无心欣赏，因为我不知道这些时日以来到底发生了什么，以至于新郎是个我从未听过的人。毕竟我一直从旁人的嘴里零零碎碎打听着辛佰的消息，在意识上保持着藕断丝连。这种感觉，就像是一个人，一边在厨房里做饭，一边时不时去客厅瞄一眼电视剧，本来都能铆上剧情，等到坐下吃饭却发现荧屏里主角已经换了人来演。

辛佰走过来，帮我把散落的头发别到耳后。

这些年无数次经过辛佰的公寓，我却没上楼探访。我听说辛佰搬走了，房子留给宋御做工作室。辛佰一时黯然，眼中如乌云掠过，说前一阵子宋御也搬走了，房子如今已是空巢。

我问辛佰："能带我去看看吗？我想去看看。"

到了那里，我才觉得"空巢"这个形容果然是恰当的。什么都没有了，闻不到一丁点当初两个女孩子相依相偎的气味，叹口气都有邈远的回音。曾经洁白平整的墙壁被刮掉，裸露出原始的水泥色。地板泡过水，剥了漆，像倒刮的鱼鳞。空调拆除后安装了老式的三叶扇。放眼望去唯一的家当是阳台上一把七十年代常用的藤编扶手椅。

"这大概就是他们艺术家追求的风格吧。我看了三年也没看明白，他搞了三年也没搞出名堂。"辛佰环顾一圈，喃喃自语，"真是的，临走前也没给我恢复原样。"

在辛佰的叙述中，学设计出身的宋御毕业后接二连三在职场上受挫，渐渐剑走偏锋迷失自我。宋御最后一次被辞退的那天晚上暴雨如注，他一个人在酒吧喝了很贵的酒，现金不够，又没有带银行卡，打电话让辛佰来埋单。她赶过去结完账，问他既然有那么多案子要做为什么不早点回家。宋御立刻把笔记本电脑从包里拿出来，对准吧台"咣当"一声敲成两半。调酒师躲得远远的，保安很快赶了过来。

其实在那一刻辛佰就已经看透了他们的爱情，和腰斩后的电脑一个下场。但她只是从容地向受惊的顾客道歉，然后挽着宋御的手，说："走吧，我们回家。"

⋯⋯⋯ ▶▶ chapter6 旧时歌声，新鲜邂逅

他们在一起，不是因为一张纸，也不是因为两个人般配的颜值。他们都热爱艺术，渴望生活。这是灵犀，最终也成为负累。

听到这里，我大概明白这三年里发生了一些什么。辛佰供养着一个没有任何反哺能力的艺术家，两个人又美又贫穷地踏上了末路。所以古来才说，世间好物不坚牢，彩云易碎琉璃脆。那些纯白色的、被架空的，足不沾尘的人和事太容易陨落，包括我们那时的友谊。我们总是自带滤镜般地让它寄生在遐想里，以为地老天荒，以为日子久久长长。

分手的那一天，辛佰毫不客气地踢了踢宋御的创作——那些她花大价钱为他装裱却一文不值的油画和摄影："三年了，我给了你足够的时间，你却没兑现你的诺言。"

宋御倚着墙，目光涣散："不够。梵高用了一辈子。"

"你现在倒是足以当个谐星。"辛佰冷笑，"很早之前你是一个设计师，一个为商业服务取悦大众的设计师。后来你开始当一个艺术家，等待着别人像发现灌木间的野蓝莓一样去发现你欣赏你。这是不对的。你不能用一颗设计师的心去支撑一个艺术家。艺术家画完了画可以撕掉烧掉，只要他自己享受了这个过程就行。但你显然受不了这样的寂寞。你还拿梵高这种烂尾梗来遮羞？梵高可从来没有指望天上会掉下一个人眼睛都不眨一下地买走他所有的画。你只是有设计师的物欲而没有设计师的韧性，有艺术家的狷狂而没有艺术家的安分。当然，更重要的是，今天的我几乎身无分文，有帮你的心却再也没有帮你的能力。所以宋御，我们现在一无所有，已经走到了世界的尽头。"

在世界的尽头，宋御像初春时节朝阴

的积雪一样无声无息地消失了，迎面走来的是意气风发事业有成的王睿丞。他一出校门就开始做生意，起初往来于澳门珠海做倒卖，接着和人合伙做海产生意，有了底子之后投资，一步一个脚印稳扎稳打，赢得了业界的一片天地。辛苦是自然的，濒临失守的发际线就是代价。

辛佰邀我和他们一起吃饭。我一直称他王总。辛佰听着只是笑。当然只能这样，我不好直呼其名，也不好像辛佰一样叫他老王。睿丞或睿丞哥更不行，初次相会，显得狎昵。

王睿丞去洗手间时，我问辛佰："他多大岁数？"

辛佰说："三十四。"

"有婚史吗？"

"没有。"

"为什么一直到现在没结婚？"

"结不结婚是一个人的自由。他以前不想结，现在想结了吧。"辛佰低头切牛排，想想又说，"也可能是智商高情商低，事业如日中天，感情一窍不通。"

看得出辛佰对他并不是特别满意，我又问："那你干吗和他结婚？"

"结的是婚，不是人。其实，只要有钱，和谁过日子都一样。除非像我和宋御那样，没钱，那就惨了。"

我一点儿不信。辛佰从来不是爱财之人。

▶▶chapter7 请允许我不知道为何会爱你

筹备婚礼的时间是一个月。

倒数第二十一天，辛佰邀请我一起去看看酒店，商量菜式。我说我正在火车上，离职这么久都忘了出去散散心。

倒数第十四天，我回来了，辛佰在我们常去的和风餐厅为我接风。

傍晚的雨水细微轻密。窗外，另一岸在雨中灯火绰绰。桌上有个蓝灰色陶罐，罐中竖起一把密密匝匝的白色蟹爪菊，花心里有一点浅浅的缥碧色顺着花瓣的弧度流淌着，像雨滴就要坠落。

"去了哪儿？"辛佰给我斟清酒。

"茸深。"

"鹿城那个靠海的小镇？"

"嗯。"

"有什么新鲜的见闻？"

"没有新闻，倒是看见了你旧日的情人。"我从包里取出一封信推到辛佰面前。

我在茸深遇到宋御，这听起来真是不可思议的事。中国这样大，人这样多，何况大家又是这样的关系，重逢的概率应该很低。宋御说："要是能猜到，就算不上缘分。"

宋御带我去他住的地方，一个靠山的院子。院里两间泥墙房，还有一棵高耸入云的古树。当晚，我们在树下吃饭，宋御拿出当地的腊肉和杨梅酒款待我。吃饭时，一只黑尾蜡嘴雀从树上飞下来在我们的餐盘间信步。宋御娴熟地舀了一勺豆子在手心给它啄食。

我问他在这里做什么。宋御说画画，租相机给游客用或是为他们拍照，在镇里的中心小学代课，乡邻们打算建新房子也会找他画施工图。

宋御带我参观他的房间。屋子里有一股梅雨季过后特有的腐烂沉重的芳香。脚下的砖缝里长着细草。房间里只有一张木床，帐子撩了起来，苇席上放着一把蒲扇。

我说："有用吗？夜里就不会有蚊子

了吗？”

宋御摇摇头，说不仅有蚊子，还有蛇。但是他习惯了。

后来宋御开摩托车送我回酒店。酒店距离小镇很远，在靠近城区的地方。我们在暗沉寂寥的沿海公路上飞驰。昏黄路灯从脸上划过，像穿越时光。我搂着宋御的腰，闻到他身上散发出来的夏天与草莽的气味。刹时，我想起了很多年前爱过的少年宋御，想起自己曾怯怯站在他面前，用尽毕生的力气说：“宋御，我喜欢你。”

我的眼泪一颗一颗地滚落，打湿了他的衬衫和脊背。

在酒店门口，我向他挥挥手。

宋御调头欲去，忽又停下来，问我：“她还好吗？”

我说：“还不错，很快就要结婚了。”

宋御犹豫着架好车，走回来，手里拿着一个信封，像当年那样恭谨地说：“请你帮我交给她，谢谢啦。”

这封信其实不是一封信，而是一沓信，一沓水粉画片。除了细节，每张画几乎都一模一样。宋御说他一旦想起辛佰就会画她，而每回一下笔就是他初次见到的她的样子。画上，穿着白色短袖的辛佰目视远方，眼睛像两颗未晞的朝露，微笑若有若无。这个辛佰是我记忆中非常熟悉的辛佰，却一时想不起这情景是在何时何地。

听我说到这里，辛佰从包里翻出宋御当年的那封信。我没猜错，还是与此一模一样的画。

辛佰曾问宋御为什么不画个大一点的。宋御说纸小一点，他只要想到她，随时都可以画，而画小一点，她可以带在身边，像是一种彼此的陪伴。

雨越下越大，寿喜烧锅已凉，隔壁传来三味线和老人沉郁的吟唱。辛佰为我翻译。

我记得的，是五更的风。我留下的，是最美好的面容。鲤鱼深红，游荡西东。白鹤成行，飞过苍松。月亮啊月亮，请记得抚慰情人，抚慰他疲惫的梦。

落花静静地躺在窗台上，大山里传来晚钟与佛诵。请允许我不知道为何会爱你，也宽宥你不知道为何会爱我。世上的一切，本是瞬间拥有又瞬间成空。

·········▶▶ chapter8 孤云终汇于天际

婚礼前一天的早晨，辛佰离开了这个生她养她的城市去往茸深。

去机场的路上大雾弥漫，会车时，辛佰一直提醒王睿丞打双闪警示对方。王睿丞的状态很好，只是返城途中，我偶然看见后视镜中的他红着眼。我抽了一张纸递给他。王睿丞说了声谢谢，然后在江边停车擤了一下鼻子。

“你后悔吗？”我问他。

王睿丞摇摇头。

“为什么？”我追问。

“我们都不是天蝎座，所以你应该了解。我们这样的人，永远不会因爱生恨。”他说，“她没有征兆地答应我，也没有征兆地离开我。这也许就是一种经过，真正的经过。”

我忽然觉得他的情商一点都不低，甚至大智若愚，远超常人。

我又问他：“你竟然知道我是什么星座？”

王睿丞说他奶奶很迷信，连伴郎伴娘的生日也要请术士参看。他说着说着笑起来，笑完了又有点惆怅：“你不着急回家吧，我想顺路去酒店取消筵席。”

一间可以容纳一百桌的超级大厅，花台早已搭建完毕，一个剪着蘑菇头的胖子不停地在后台“喂喂喂”，认真地调试着音响，另一个送气球皮的工人好像认识王睿丞，上来搭讪，嬉皮笑脸地讨要喜钱。

王睿丞找到当天值班的负责人，说要取消婚宴。女经理先是一愣，接着就笑出声：“王总老是跟我们开玩笑。”王睿丞有些无可奈何。我走上前，也笑着说：“他这次玩笑开大了，居然把我的笔名写在门口。那个红底洒金的纸你们还有吗，赶紧准备笔墨帮我换一下吧。”

王睿丞立于远处，一动不动地看着我在晨雾消散后的明亮日光里一气呵成挥笔写就。女经理左看看，右看看，说写得好，周玲玲这个名字也好，和新郎名字排在一起比辛佰要整齐。

我看着王睿丞，潇洒地提起下巴，丝毫不怯于这莽撞的胜利，以及这胜利的背后所包含的巨大意义。

………▶▶ chapter9 我们从没忘了彼此

次年冬天，我收到了一个包裹，打开来是一幅并蒂莲开的刺绣。那大红的锦缎上龙飞凤舞地盘绕着层层叠叠的金色丝线，像是灿烂的、禁锢的、不可更迭的岁月。

过了这么多年，我还是一眼可以认出，这是辛佰的手法。

午梦醒来，室内的香氛与温暖让我完全没有觉察到窗外已经下了一场大雪。远处的密林里偶尔有耐寒的鸟类飞过，枝头的雪落到地上听不到丝毫的声响。我一下子就想起了我们的时代。那个遥远的，像河岸菖蒲慢慢浸染出碧色的时代。

那是在一场运动会上，我擦破了膝盖，也扭伤了脚踝，一瘸一拐地回到观赛台后，体育委员自然不会给我什么好脸色，说：“没有金刚钻就别揽瓷器活。”大家也都是嫌恶地让出一条路叫我躲回人群中休息。

辛佰走过来，轻轻扒开我捂着伤口的手：“手上有细菌。”边说边从包里翻出酒精棉和剪刀纱布，有条不紊地替我处理完毕。这时的我还不知道辛佰的名字。毕竟新生太多，自我介绍又都是千篇一律的，而我还是一个深度的脸盲患者。

辛佰对体育委员说：“我问过了，可以替补。下一场我上吧。”

体育委员说：“报名的时候你干吗不说。”

辛佰说：“之前报是我的自由，现在跑是我的义务。”说着她脱掉外套，露出里面一件极简单的白色短袖。在不要任何人帮助的情况下，她反手用别针把号码布镶在背后，然后走向赛道，目视远方。她的眼睛像两颗未晞的朝露，她的微笑若有若无。

………▶▶ chapter10 时光回声

辛佰告诉过我：“人这辈子是由很多个瞬间组成的。我以前不爱他，但就有这个瞬间让我爱上他。你以前爱他，也许也会有一个瞬间让你放下他。”

每一个瞬间都是当下，我们永远不知道下一个瞬间何时迸发。

在洒金红纸上写下自己名字的瞬间，在遥远的茸深镇沿海公路上默默流泪的瞬间，我庆幸自己既贯彻落实了辛佰的伟大讲话，也得到了来自时光深处的温柔回答。

我想抱住那团光

莉莉吴

俗世浑浊，而我多么希望，她是那个与我一道追逐太阳的人。

01

海天小区，九栋二单元 2201 室。

母亲抓着破旧的工具箱，站在衣着光鲜的女主人面前，努力说些什么。因为要虚张声势，她的声音要比往常高八度，身体不自觉地前倾，随着说话的节奏，微微抖动——“就像是风中的一件旧衬衣”，脑海中忽然冒出这样的念头，我不感兴趣地踢了踢脚尖，只想要快点离开。

这样的举动引起了母亲的不满，她本能地想斥责我，却在开口的前一秒，想起了女主人的存在，于是硬生生将下垂的嘴角扯了上去，形成了一个怪异的笑容。

“这是我闺女，”她把我推到身前，仿佛在展示一件滞销商品，“在市一中念书，每逢节假日会主动出来帮我干活。”

“哎呀真懂事，我家媛媛就没有这么乖，”女主人似真似假地感叹了一句，转身冲房间里打招呼，“媛媛，出来一下，跟阿姨打个招呼。”

我无意戳穿母亲的谎话，也对躲在门后的大小姐不感兴趣——我想，她应当是一个与我截然不同的人，骄矜、明亮、凭着浪漫的诗句与充沛的爱意过活——然而，门发出细微的声响，一顶毛茸茸的帽子从门缝里探出来，因为低着头，只能看见一个小巧的下巴，仿佛一截白玉。

“阿姨好，呃，”对方的目光在触及

我时，语气有了可疑的迟钝，“你也好。”

帽子迅速地缩了回去，像是一株一触即合的含羞草。女主人对自己女儿的失礼行为毫无反应，转而谈起了与酬劳相关的话题。母亲有些局促与懊恼，似乎觉得自己没有得到应有的尊重，却又不敢说出口，只能一下又一下地揪着衣角，好像那是什么人的脖颈。

“价格的话，我可以按照市场标准，一小时多加80块，不过，”女主人停顿了一下，似乎在斟酌用词，“到时候，我可能需要你的女儿一起过来，你看行吗？”

“可以可以！”母亲大力地推搡了我一下，嘴角边的线条堆积起来，组成一个谄媚的弧度，“不过价钱要再加一点吧……您看，她可是在市一中念书呢。”

时值深秋，午后的阳光显现出一种蜂蜜的黏稠感，温柔地裹起了所有与钱相关的字眼。桂花俗腻的香气让人头晕目眩，我在回头的瞬间，看见对方藏在门后的影子，伶仃细长，像是一缕绵软的、湿润的情绪——

那是我们的第一次相遇，而直到很久之后，我才知道她的名字——顾清媛。

02

人与人之间的羁绊，究竟有何意义呢？

每到夜深人静的时候，我都会反复地想这个问题，想到胸口微微发疼，才从床底翻出那只破旧的鞋盒，再把里面东西“哗啦”一声倒出来，铺满整个地板。

六岁那年脱落的第一颗乳牙，两年前父亲抽剩的半根烟（已经被时间变得软塌塌的），一只属于母亲的袖套，还有同桌不慎“遗失”的银色手链……每当我到一处新的地方，认识一个新的人时，我总是会忍不住弄点纪念品回来，然后把它们藏到盒子里，谁也不给看。

等到夜深人静时，它们自己会从盒子里跑出来，跑到粗糙的地板上，像泼洒牛奶一般，将回忆泼洒一地。而我沉默着触碰它们，感受它们的味道，再将多余的情绪剥离出去，完成一次恰到好处的哀悼。如果时间允许的话，我甚至会为每一件物品编写出自己的故事，好像我真的对它们的主人有什么感情似的。

是以，我在第一次拜访顾清媛家时，便趁着他们不注意，偷偷拿走了一个木头人偶。

木偶只有两寸多长，线条粗陋，左边胳膊比右边短了一截，而应该长头发的位置，则被油性笔大片大片涂黑，粗略一看，还以为它的头被人咬掉了一口。在卧室的书架上，放了整整三排类似的“失败品”，姿态各异，却丑得千奇百怪。很难想象有钱人的品位会如此清奇，所以我觉得，这应该是顾清媛自己的作品，而她应该是一个对雕塑没什么天赋的家伙。

“媛媛没什么朋友，你多陪她说说话吧。”

可能是我的校服与母亲的吹捧颇具欺骗性，女主人加了近乎一倍的价钱，雇用我陪她的女儿聊天。对此，母亲称得上是喜出望外，可是对我而言，陪人聊天的活计并不比陪母亲做保洁来得轻松，相反，它显得更加芜杂，像是趴在冰蓝色眼球上的苍蝇。

“你好，我是顾阿姨请来陪你聊天的，”我太久没有向别人介绍过自己了，一时间只能想出这样干巴巴的开场白，“我叫诸景明。”

顾清媛对于我的到来并没有什么反应，事实上，她似乎不关心外界的任何事情。我看见她藏在床的一角，毛茸茸的帽子下延伸出两根白色的耳机线，ipad 屏幕的光在脸上变幻莫测，让她看起来像是某个虚拟游戏里的电子人物。

我感到一种被忽视的愉悦感，干脆趴在椅子上，美美地睡了一觉。醒来时，太阳已经落山，屋子里却还未开灯，少女坐在我身旁的地板上，正在查看一张方形的卡片——过了好几秒，我才意识到她看的是我的校园卡，而且是真的那一张。

“你该回去了。”她小声地说道。因为很少开口，她的声音有些干涩，像是粗粝的薄荷叶子，在寂寥的深秋中，散发着不合时宜的清香。

而我垂下眼睛，连告别都没有说出口，便仓皇而逃。

03

我本以为那该是我们的最后一次见面，却没想到，仅仅在两天后，我就接到了女主人的电话，让我再来陪顾清媛聊天——“媛媛很喜欢你呢”，女主人这样说道，似乎对女儿找到玩伴一事颇为高兴，以至于我不忍心告诉她事实：顾清媛不是喜欢我，她是喜欢扶贫。

不过，这的确是一份不坏的活计。

顾清媛不爱说话，也很少对事物发表评论，久而久之，我便开始主动找她聊天，与她分享一些荒谬的故事。比如，一个女孩害怕气球爆炸的声音，因为她的母亲总是在前一秒告诉她，“你是我在这世上最爱的人”，却在后一秒，将巴掌重重地落在她的脖颈处，发出清脆的“啪嗒”声——

“我爱你啊！啪嗒！”

“你为什么这么不懂事？啪嗒！”

“你体谅一下大人的辛苦好不好？啪嗒！”

女孩仿佛住在不断爆炸的气球堆中，光照不进来，声音透不过来，到最后，连心跳声都被掩盖，只能听见一声又一声的“啪嗒”，象征着世界的快速崩坏。

“她真的是市一中的学生，”我眨了眨眼睛，试图让语气听起来更加轻快一些，更加事不关己，“或者说，曾经是市一中的学生。”

顾清媛没有说话，只有修长的脖颈微微颤动，像是清晨的一朵百合花。从第一次见面，我便喜欢上了她的脖颈，颀长、洁净、明亮，好像世间的一切晦暗都与她无关，好像她即永恒。

“我的天空里没有太阳，总是黑夜，但并不暗，因为有东西代替了太阳。虽然没有太阳那么明亮，但对我来说已经足够。凭借着这份光，我便能把黑夜当成白天。我从来就没有太阳，所以不怕失去。”

我觉得，顾清媛就是这样的人。

离开前，顾清媛第一次在我面前脱下

了帽子，露出了一头驳杂的长发。那是一种比白银更加生动的颜色，好像是深海里的一场落雪，或者是黑夜中的一汪星子，而它的主人对这场美丽无知无觉，竟对此感到了耻辱与畏惧。

“真漂亮啊。”我喃喃道，忍不住伸手触碰了一下，毛茸茸的手感让我想起了那个被我偷走的木偶，透着股笨拙的可爱。

“可是，我觉得你的头发比较漂亮，”顾清媛抬起头，洁净的瞳孔中倒映着我的影子，“你像是从黑夜里走出的孩子。”

是啊，我是黑夜的孩子，所以才会如此地渴求光明，渴求爱。

04

回到家时，母亲已经做好了饭食。

窗外灯火通明，屋子里却只有豆大的灯光——离异后，母亲总是对用电格外节省，为此，她将所有的灯具都换成了瓦数最低的灯泡。我坐在位置上吃饭，有一搭没一搭地应付着母亲的问话。很快，母亲便丧失了耐心，将筷子重重地摔在桌子上，一双眼睛变得通红，好像有吸血虫住进了她的眼睛。

“你到底想不想回一中读书？”

“不想。”

耳边传来熟悉的“啪嗒”声，我沉默地忍受着脖颈上的痛楚，忍受着母亲的咒骂与哭嚎，到最后，她一如既往地跪趴在地上，哀求我体谅大人的难处，然后原谅他们的无心之失。我麻木地看着这场闹剧，恍然想起在市一中时，她也是这么当着全校师生的面，跪着求我帮帮她的。

彼时，父亲在外面结识了新欢，死活要与母亲离婚。母亲无力改变父亲的心意，便只能一次又一次地来我的学校寻死觅活，求我去阻止父亲，求我去挽回一段破碎不堪的婚姻。最后一次，我被她从考场拖了出去，并且当着全校师生的面，挨了重重的一耳光：“啪嗒！”

啪嗒，啪嗒，啪嗒——每一下都伴随着一声咒骂，直到老师们惊惶失措地拉开她，她才浑身瘫软地坐在地上，发出一声绝望的哀号——她终于知道我对父亲说了什么，知道我支持了父亲的离婚决定。因此她认定，是我造就了她的苦难。

那场闹剧之后，我再也没有回过市一中，反而进了一所技术学校，无所事事地混日子。时间一长，母亲便觉得我不成样子，开始时不时地劝我回一中念书，求我原谅她当时的过错：“妈妈爱你啊！”又或者是“你是妈妈在世界上最重要的人”，翻来覆去，不过是这样无趣的说辞罢了。

“我回不回去都没关系的吧，只要有这套校服在就可以，”我到底还是不甘心的，遂将言语化作匕首，恶毒又准确地戳中了她的软肋，“反正你也只是想要用我市一中学生的身份骗钱。”

市一中的学生自食其力，主动帮母亲干活的新闻价值比职高学生的懂事要高出太多。我以为自己会迎接母亲的暴怒，却没想到，她忽然卸了力气，背影像一张纸一样，慢慢地被雨雾浸透，慢慢地塌下来，到最后，所有的情绪都化为一声绵长的叹息：“我知道你怨我，可是，你不该毁了自己的人生。”

这声叹息落到我的心间，变成徘徊不散的影子。而我不知道要如何排遣这份惶惑，只能将它变成顾清媛的枕边故事，三言两语，轻描淡写，仿佛在讲凌晨两点的蓝色云絮。

“那个女孩会去参加高考吗？”

“我不知道，”我坐在顾清媛的背后，因为在帮她梳理长发，声音有些暧昧不明，“我想，她也不知道。”

顾清媛不再说话了。她从来都是这样的人，安静、无趣、对外界没有好奇心，甚至在看网上讯息的时候，表情都是放空的。卧室的摆设更是如教科书一般标准，唯一称得上破绽的，就是那些歪斜的玩偶，它们倔强地站在书架上，像一幅扭曲的儿童画。

趁顾清媛不注意的时候，我又往口袋里装了一个木偶——这已经是我偷走的第七个玩偶了，与之前的相比，它的线条显得更加流畅，肢体也更加分明，只是在胸口的位置，被人粗糙地挖了一个洞。

我总觉得它在隐喻些什么，隐喻一些比人生更加宽阔沉重的，但我们必须经历的东西。

05

年节前后，母亲的保洁工作忽然繁忙了许多，她常常顾不上回家做饭。我便按照她的吩咐，将风干的腊肠切片，放进电饭煲里加热，然后给她送过去。

有一次，母亲因为要赶工，来不及吃饭，又担心饭盒上的油渍会弄脏雇主家的地毯，便将饭盒裹在皱巴巴的塑料袋中，放到了门口。可是，等她打扫完毕后，门口的塑料袋却早已不翼而飞。

“那个饭盒要二十块钱呢。”

母亲在楼下的垃圾桶找了许久，等我过来后，才讪讪地停下来，转而用手不住地去揉眼睛，一直把眼眶揉得发红。她像一个坏掉的复读机，一遍又一遍地重复饭盒的价钱，脸上的皱纹苦恼地抱在一起，仿佛一把纠缠的棉线。

我看着她，再一次感受到了人与人之间的羁绊的脆弱与无常。我们有那样深刻的血缘关系，甚至，我来自她，可这并没有让我感受到与她同等的苦楚，无法理解仅仅二十元的悲伤。同样地，她不能察觉到我的孤独，察觉到那份深藏于皮囊下的惶惑不安。

她是一个不合格的母亲，而我是一个六十分以下的女儿。对彼此而言，我们是同样的糟糕，也是同样的美好。

“这世间，本就是各人下雪，各有各的隐晦和皎洁。”即便如此，我还是想找到那个可以一起看雪的人，想要告诉她，一个冬天的寒冷与梦境。

可是，女主人拦住了我，她站在门口，精心打理过的发尾卷起一个温婉的弧度。“你根本不是市一中的学生，”她还是那样彬彬有礼，语气中却透着两分不容置疑，“我不会让一个职高的学生、一个骗子来接近我的媛媛……”

卧室里传来细碎的声响，我能想象顾清媛光着脚跳下床，然后把耳朵贴在门上的样子——可她不敢出来，在女主人下达命令之前，她不敢做任何事，我很确信这一点——早在第一次遇见时，我便察觉到她的孤独与惶惑，庞大、神秘，如同深海里潜沉的巨鲸。

她是被母亲的爱意所操控的人。

被精心挑选的书籍，被费心布置的卧室，被筛选的人际关系……她仿佛是童话里的莴苣公主，被困在名为母爱的高塔中，一举一动都受到关注与监视。而那些木偶是公主的长发，被抛下高塔，等待一场未知的救赎。

在偷走第三个木偶前，我曾问过顾清媛不去学校的原因。彼时，她正在雕刻木偶，手一抖，手指被刀片划破，血珠落在未成形的木偶身上，仿佛嫣红色的吻。“因为头发，”她犹豫了一下，为冰冷的情绪裹上了一层温情的外衣，“妈妈不想让我受到嘲笑。”

她的母亲自然是爱她的，可是，爱并不意味着理解，不意味着尊重，不意味着她应当永远地困守在高塔之上，将倒影当成真正的太阳。

“一年前，我因为与母亲的关系破裂，离开了学校。我遇见了很多人，好的，坏的，重复了一次又一次的失望，”我看着女主人的脸，在恍惚间，以为看见了母亲的影子，“我终于弄明白一件事，这世间的确是没有什么感同身受的，即便你们是彼此最亲近的人。”

充满暴力的爱，与充满控制欲的爱，在本质上并没有什么区别，它们是太阳在镜中的虚影。

“可是，我们不能通过躲避生活，去找到平静。”每个人的胸口都有一个破洞，它让我们感到痛，可是，那正是光透进来的地方。

转身离开的时候，身后传来踉跄的脚步声——我知道，那是卧室的门开了。

06

我回到了市一中。

一开始，这个决定显得有些艰难和愚蠢，因为我要面对他人的眼神，接受他们的好奇与怜悯。但是等到后来，这些多余的情绪被阳光蒸发殆尽，日子便好过了许多，可以在闲暇时候，一个人坐在花树下写诗。

床底下的收藏品被冷落了许久，我已经不再需要依靠它们去回味过去的辛酸苦辣，可是也没有办法就这样丢弃它们。最后，我将那七个木偶挑出来，钻了孔，穿上绳子，挂在了窗台前，风动时，叮咚作响，仿佛一段心事——顾清媛怎么样了？她与母亲和解了吗？她找到喜欢的事物了吗？俗世浑浊，而我多么希望，她是那个与我一道追逐太阳的人。

下晚自习的时候，学校门口传来小小的骚动。我还未明白发生了什么事，便被一道白色的影子撞入怀中。顾清媛穿着私立高中的制服，斑驳的长发垂落腰际，整个人恍如被白色的光芒所包裹。

“我终于找到你了。”

“嗯。”

多好啊，我们终于再次相逢。

孤独是我的骨头

✲陆小寒

当你坚持不下去，站不住，想跪倒在地时，请你孤独。孤独有一种蛮荒的力量，会提着你的脊梁骨，让你站直了，好好走。

▶▶1

“懂越多就越像这世界的孤儿，走越远就越明白世界本是孤儿院。”十年过后，韩少依然有把话说到人心坎里的本领。我从不觉得他是新青年，是中国知识分子的新领袖。我记得他功课不好，但文学拯救了他；我记得在大家被高考压得死气沉沉时，他像风一样自由。

那时我还很天真，总爱提文学。说话也总以“我想……”“我觉得……”“我要……”开头。

有一段时光可以称之为很年轻，指的是18岁到23岁。

在我很年轻的时候，我最深的印象是永远在不停地搬家。

▶▶2

第一次是在高三下半学年，我向学校申请了走读，从宿舍里搬出来，在郊区租了个毛坯房住。我记得那年南方大雪成灾，搬家的那天就飘着罕见的大雪，我和爸爸坐在大卡车的副驾，被雪掩埋的是铁架床、木桌子、木椅子还有锅碗瓢盆。

屋子里是水泥地板、水泥墙、水泥天花板，满室萧索，家徒四壁。我爸不停地问我冷不冷，我抱着热水袋牙齿打战，可我说不冷。真的，我的心很热乎，我觉得我自由了。我在大家都喘不过气，把一条路走死的那一年，浮出水面喘了口气。

那时是真的孤独，做题做到凌晨两点，累了就仰头看看墙壁上贴的武汉大学的招生海报；学校里也是一个人坐，走进前门，走出后门，像个断臂的独行侠；舍不得说话啊，浪费时间还浪费力气；路上的时间听英语，也听摇滚；常常去学校的书屋绕一圈，带回来几本书，也不看，就堆在水泥房间里，摸摸封面也是安慰。

我常常在晚上11点钟去楼下的浴室洗澡，5块钱的门票可以在里面混两个小时。我10分钟洗澡，1 分钟喝完 1 瓶三勒浆，其余的时间在白烟袅袅里背历史政治。暖乎乎地出来，冬夜像被冻住了一下，因而时间走得特别慢，我一个人瑟缩着脖子轻手轻脚地上 5 楼。有时去吃夜宵，那对搭档的夫妻总是冷着脸，饭菜也无味。后来听说那男人得癌症死了。

那是我第一次去刻意寻求肉身的孤独，我从那里感受到了一种接近贫瘠蛮荒的力量。否则，那一年，我断不了壮士的腕，我走不上被定制好的路。那时我想着文学，想着理想，想出走，想逃跑，想去追寻永恒的、天真的、美的东西。

真是太危险了。

▶▶3

行李之于我就像壳之于蜗牛，是负累，也是柔软之上的一种架构。19 岁到 22 岁，我又搬了数次家，和好几个人同住一个屋檐下。有小情侣，有考研的，有小服装店老板娘，还有酒吧的驻唱歌手。他们来的第一晚，我都会和他们在客厅其乐融融地吃顿晚饭，之后便是关起房门互不打扰。

那时候我很孤单。我在等一个人。他在我身边隔一个教室时我等他，他去另一个半球，隔了厚雪，隔了时差时我还等他。等待令我在如花的年纪变得像草一样干枯。只能孤独，肉身与心灵的一并孤独，才能熬过这漫长的时光。

很多时候我都在图书馆写稿子，冬天的暖气咕噜咕噜响，在上面放一只清香的橙子和爱人留下的手套。不怎么说话，感觉语言都向内转化了，我写了好多幻想中的爱情故事，给他写好长好长的邮件，日子真是冷清。我常常幻听到有人喊我的名字，茫然地转过身，都是陌生的面孔。

那时候我开始爱上抽烟喝酒，这两样物什都能带给人一瞬的热闹，过后却是太深的孤独。这和爱情的性质接近。我听了好长一阵汪峰的歌：“别哭，我亲爱的人，我想我们会一起死去；别哭，夏日的玫瑰，一切已经过去……”旋律一响起就能湿了眼眶。内心寥落，其实不过失恋，可当时心气太高，总不肯承认，甚至还可笑地想过要当出类拔萃的人，站到很高的位置，他不看我这里，也得感受到我的存在。

事后我才感谢这场失恋，人只有先被别人看轻才能看清自己，我身上的软弱、固执、自私、冷漠，不到孤独之境，我绝看不到它们是怎样把我变成另外一个人。

里尔克的诗也是很好的陪伴，“它们要开花，开花是灿烂的。可我们要成熟，这叫居于幽暗而自己努力”。经过一场心灵的痛而剥裂出一个更完善的自己。人不应是越长大越世故，而应在遇过冷眼，尝过苦，经过无缘后，拥有宽容、谅解的能力。

▶▶4

23 岁一整年我搬过两次家，从徐州到南京，从南京到上海。每次搬家我都是恶狠狠地扔掉旧的行李，幻想着换一个城市，换一份工作，换一个心上人，一切就都会好起来。

在上海的第一个月是连绵的雨季，衣服永远晒不干，马路总是湿漉漉的，快要忘记阳光的味道，人简直被这样的天气弄得一点办法都没有。

我的第一个室友是个早出晚归的年轻女孩，每天过黄浦江工作，下了班再去新天地的一家西餐厅兼职，既赚外快又能练法语。我们每天能在洗衣服的时候打一个照面，寒暄几句：“今天累吗？”“还好啊，习惯了。你呢？”“我也还好。”

后来她终于去成了法国，寄给我一张

在塞纳河边写的明信片，虽然只言片语，但是用法语写下的《玫瑰人生》令我又欣慰又伤感。

那么我的生活呢？我每天倒两班地铁去淮海路上班，一整天被淹没在各种数字、发票和报销单中。我收入微薄，可我领了信用卡去消费很多本身不是我能负担的东西。只有到了上海我才明白，虚荣不再只是简单的虚荣，衣服、手袋、化妆品和香水，它们像一样样最温柔的武器武装着你，在窗明几净的高档写字楼里，你穿戴上这些，内心带着孤独，你就坚硬无比。难怪城市人都有毫无二致的神色。

唯一快乐的时候是可以公出去外高桥报税，往返两个小时的车程，我在出租车上看梧桐、洋楼、老弄堂，在上海我总会想起那句诗“桐花万里路，连朝语不息”，我是真的喜爱这座城市，可惜她对大部分人只展现片刻的柔情。此刻我内心的孤独和以往不一样，它还有一种不被接纳、不能融入的拒绝感。

有一个晚上下大暴雨，在南方的冬夜这样的暴雨并不多见。我遇见一个年纪相仿的女孩，大概是这场突如其来的大雨令我们心情畅快，我们一起坐在窗边吃了碗热杯面，分享了一碗辣乎乎的关东煮。我们没怎么交谈，因为聊天内容都太乏味了，总是你做什么工作的？老家在哪里？来上海几年了？我宁愿什么都不问。我们只是静静地看窗外热闹的雨，逃窜的人群，五颜六色的伞，听店里的音乐——苏打绿的《小情歌》。

后来雨停了，我们就散了，像小石头一样滚进人山人海里。我还是觉得在上海是不容易交到朋友的，因为这里的人都拼命想砍断过去的尾巴，所以都是一副刀枪不入的模样。可是在那场暴雨中，温暖的7-11便利店里，我感受到了另一个女孩的孤独、年轻与向往。

我的室友总在换，但无一例外，他们都年轻、上进、能够吃苦。我没能和他们交上朋友，但我很感激他们。因为只有在那一段人生中，我感觉到孤独的我是有同伴的，在被这个大世界吞进去，努力社会化的过程中，我有同伴。我常常想起一句话，当时也特别流行，充满了正能量：“每一个优秀的人，都有一段沉默的时光。那一段时光，是不抱怨不诉苦，最后回忆起来，自己都能被感动的日子。”

▶▶5

他们这些人，她或他，有的去了北京，有的去了广州，还有的回了家乡，无一例外，他们都会把养的绿色植物留给我。植物是带不走的，挪了地气很快就会死去。可人不一样，人可以因为坚强而忍受很多很多。当你坚持不下去，站不住，想跪倒在地时，请你孤独。孤独有一种蛮荒的力量，会提着你的脊梁骨，让你站直了，好好走。

现在每天早晨我都会早起5分钟，在熹微的晨光里穿过他们空荡荡的房间，给窗台上留下的几盆绿色植物浇浇水。我很沉默，沉默地等待着新房客。尽管我不会与他深交，不会有太多的生命重叠。但是只要我想到我们都有同样一段孤独而沉默的时光，那种温暖，就足够了。

时光回寰，我觉得这四个字是有根据的。我太年轻时的前半生总在恶狠狠地逃跑，从一个城市逃到另一个城市，所以后半生，总在送别，目送他们走上更远更美好的路途。

太孤单的时候，听《不再让你孤单》——路遥远，我们一起走……我不再让你孤单。

我想，孤独是一种可贵的情怀。

养成系暗恋

✲ 谢鹤醒

被爱或许很幸福，但勇敢地去爱一个人很难得，就让我再试试看。

一

不知为何，与他相识之初，我的脑海中浮现出《奇迹唱片行》里的句子：“真爱是一段艰苦的旅程，路上充满许多困难与荆棘。有时候，终点并不如你所愿，但那并非徒劳，能在一个明艳的夏日握过她的手，总胜过什么也没有。”

站在相亲对象的位置上，他应该是现阶段我遇到的“最佳选手”：我妈妈去他妈妈的店里染头发，聊天中为我们牵了线；我知道他还在念研三，从小练习乒乓球并得了不少奖，未来应该是要做体育教师的；照片里的他明眸皓齿、白白净净，是很让人心动的男孩子；他目前和爸妈一起住，我们居然住同一个小区。

初次见面是在家附近的火锅店，他说他调油碗一绝，强烈推荐要我试试。而我见到帅哥就紧张，整个人就很不自在，满心只想尽快结束这场会面。他一定是看出了我的拘谨，故意提议：“等一下再去看个电影吧？”

老天作证，若不是垂涎他的颜值，我才不会答应多让自己别扭两个小时呢。

但也正是因为这次观影，我和他迅速破冰并熟络起来——

那天看的是喜剧片，笑料其实一般，但由于涉及亲情、母爱等元素，结尾处稍显煽情。我看得昏昏欲睡，突然被一旁的啜泣声吓了一跳，扭头一看，黑暗中的他泪光闪烁，天哪，他居然哭了！我连忙给他递纸巾，他边抽泣边嗫嚅着："让你见笑了……"

确实，从走出影院到坐上他的电动车，再到一起抵达小区，各回各家继续发微信……我从头笑到尾。心想，活了30多年，认识多少青年才俊，这样的"名场面"还是头一次见。

后来我才知道，他从小被家人送去封闭式训练乒乓球，童年几乎没有感受过家庭的温馨，记忆里都是周而复始的高强度训练、争分夺秒吃饭、夜深人静想妈妈……其实听他讲这些也还好，直到他说起刚开始洗衣服，因为不知道要放洗衣粉，每次都是在水里揉一揉就算洗好了，我突然觉得既好笑又心酸。

于是，他有了一个恰当的攻占我的心的理由。认识了他，坚不可摧、独当一面的我，内心渐渐变得柔软起来。

我们又见了几次面。我发现和心仪的人住在同一个小区最大的好处是约会完能一起回家，但同时，如此近的距离也常常给我带来某种错觉：我们早就在一起了，生活环境雷同，熟悉得好似认识了半辈子。

我多么希望他也有同感。

二

权衡再三，我决定先行"暗恋"。这不失为一个冷笑话——别人都是青春期搞搞暗恋的戏码，我的青春期却如野兽般莽撞，总要亲自上阵大肆告白；到了如今，反而小心翼翼地不愿轻举妄动。

但我也笃信，此时此刻的"暗恋"和年少无知时的完全不同。如果说青春期的暗恋意味着辛酸曲折、难有结果，那么如今的我早就能够掌控生活的走向，我怎能允许自己制造无谓的遗憾呢？

所以我将内心暗生的情愫定义为"养成系暗恋"——至少暂时不会戳破窗户纸。谁让我心仪的对象是个需要慢慢相处的"小男孩"呢？

"小男孩"其实也不小了，但因为比我小5岁，在我眼里着实年轻。但他总在强调"我们都是年轻人"，可见他没有嫌我年纪大，那我还有什么好怕的？

"养成系暗恋"的第一步：我打开了自己全部的微信朋友圈。实不相瞒，年龄大最直观的优势便是阅历丰富，我的微信朋友圈像一个游乐园，稍事浏览便可欣赏到高清美图、旅行攻略、原创文章、搞笑段子……这一招的根本宗旨就是在忙碌的工作之余，展示自己热爱生活的一面。

第二步，隔三岔五约他见面，制造相处的机会。我知道他很忙，课业之余总是奔波在一家又一家乒乓球俱乐部代课赚生活费，几乎没有完整的休息日。于是，我只能充分利用两家距离近这一优势，在他结束一整天辛劳工作后，邀请他来我家吃饭。虽然我厨艺欠佳，但我愣是靠一杯自己调制的鸡尾酒“阿佩罗橙光”收获了他的赞美。

第三步，最简单也最困难——能做的都做了，只剩耐心等待。等他腾出空儿，等他想起我，等天时地利人和，等时间给我答案……虽然等待的过程总会伴随胡思乱想、犹疑忐忑，但友人羽衡劝我，心急吃不了热豆腐，对方处于毕业和就业的关键期，压力已经够大了，自然没有多余心思考虑感情问题，能一直保持联络就已经是良性循环了。

“他值得你等待。”羽衡认真地说，“水到渠成、自然而然是爱情，千百次努力换来对方一句‘我愿意’也是爱情啊。这没什么高低之分，自己甘心就行。”

三

我猜他或多或少能感觉到我对他的情意，但他现在确实没法给我任何承诺。所以他忽冷忽热、忽远忽近，我都能理解。

最近一次相约是在我生日那天，我们吃花胶鸡汤锅，他把唯一一只鸡腿夹给了我。我知道他最爱吃的东西就是鸡腿，也明白这个简单的举动是现阶段的他能给我最好的礼物了。

那天临睡前我们微信聊天，我感谢他陪我过生日，并把生日愿望送给了他——希望他早日找到满意的工作。他一定懂，我希望他越来越好。

曾经，我对暗恋充满了鄙夷和不屑，认为那是胆怯的人选择退缩的舒适区，既矫情又浪费时间。如今我也走到了这里，才发现暗恋并不完全是懦弱和无奈的代名词。因为是暗恋，所以那些思念、惆怅、忐忑和失落都很浅淡、平和，却真切持有过因中意对方而产生的悸动、喜悦、痛楚和多巴胺。那么多乏善可陈的日子里，这些多巴胺是多么珍贵。

况且，暗恋并没有什么最好或不好的结局，经历和体验才是人生，而非我们最终走到了哪里。

我不知道将来和他有没有进展或结果，只是抱着孤注一掷的勇气敞开了心扉，像年少时那样不计得失地去靠近未知的命运。这种被点亮的感觉真好，原本快要被磨平的日子重新焕发光彩，深埋心底的情愫蠢蠢欲动，爱情雷达再度变得灵敏，所有因他而起的愉悦、焦灼、忧伤、振奋……汇集起来，组成了此时此刻这个无所畏惧的自己。

等待有时是好事，带着企盼，生机盎然。即使未来某天发现无法守得云开见月明，如今的这场“养成系暗恋”，也会是我人生中值得珍藏的回忆。

被爱或许很幸福，但勇敢地去爱一个人很难得，就让我再试试看。

远阔山河与人间烟火

✽温　良

大雪覆盖住那些沉默的角落、阴暗的秘密、不甘的情绪，还有幻化成虚空的过往。

远阔山河

01

我又一次看到林岸的时候，正在院子最东边那棵大树下面看英文原版的莎士比亚十四行诗。风把书页吹起一边，我用手腕压住，可那风还是不依不饶地吹着。

我开始觉得不对劲儿，那风并不像是自然风。果真，我一偏头就看到林岸蹲在我的左手边，鼓着腮帮子一口一口地吹气，活像一只丑陋的大金鱼。

“你在干吗呢？”我皱起眉头。

“愿愿，你看书太认真啦！”少年咧开嘴，露出洁白整齐的牙齿，然后笑嘻嘻地从口袋里面掏出一串什么，“休息一下，看我给你的礼物。”

那一串东西被放在我的书上，我看了几秒。是那会儿正流行的，用明星透卡串在一起做的卡串，卡串上的男生化着精致的舞台妆冲我笑，可我却想皱眉。

林岸看我半天没说话，语气变得小心翼翼了起来：“我是不是买错了？愿愿，你不喜欢他吗？”

“没有，我没有不喜欢他。”我的视线重新和他的视线对在一起，他眼睛里面的失落毫不掩饰。我忍了忍，闭上眼睛一鼓作气地说出了那个难以启齿的解释：“但你能不能告诉我，他是谁？”

空气安静了两秒，林岸突然爆发出惊天动地的大笑。我羞耻极了，恨不得直接把那卡串塞到他嘴里堵住他的笑声。笑够了，林岸夸张地抹了抹眼角，换上了语重心长的表情：“你不能天天学习啊，小姑娘，你得和时代接轨。”

我翻了一个白眼，阴阳怪气地说道：“天哪，伽马星球的保护神王子竟然要求我和时代接轨！”

我以为林岸听了吐槽之后，又会搬出他那套伽马星球的鬼理论，但是这一次，他没有。

我今年十七岁，认识林岸十七年了。

但我甚至不知道我和林岸到底是因为何种原

因，又是以何种方式相遇的。

林岸有他自己的相遇理论，他对我振振有词地解释："我是伽马星球的保护神王子呢，来到地球的唯一任务和职责就是保护我们愿愿平安长大。"

动画片里外星球超人的梗早就不流行了，我童年的男神其实是能和灰太狼斗智斗勇的喜羊羊。我被他这样矫情、胡扯又过时的解释弄得打了个恶寒的激灵。林岸举起三根手指不满地重复了一次："我向天发誓，我说的都是真的！要是骗你，我就出门被车……"

我打断他的话："你要真像你说的那样，是什么伽马星球的王子，怎么一点儿超能力都没有？我想吃草莓味儿的冰激凌，给我变一支出来。"

林岸涨红了脸："谁……谁说外星球的人都要有超能力的！"

我嗤之以鼻，头也不回地走远。没过十分钟，肩膀又被人拍了拍，追上来的林岸气喘得话都说不完整，大夏天里，手上的草莓冰激凌愣是一点儿也没化："变……不出冰激凌来，但我可以……买给你。"

我刚一接过冰激凌，少年就像卸力一般，弯着腰，扶着膝盖大口大口地喘息。我不明白他着这个急做什么，直骂他神经病。林岸这人脑子有点儿问题，我骂得越狠，他笑得越开心，金色的太阳光点落在他眼底，他的嘴咧得能三百六十度展示他的大白牙。

我咬下冰激凌顶端的小尖儿，含混不清地对他说："下次不许这样了。"

林岸答应得比谁都痛快，可我知道，他下次一定还这样。

02

林岸这人脑子不正常不是一天两天了。买早餐的小铺旁，放学后独自留守的自习教室里，体育课看台边的树上，这人能出现在我生命中任何一个可以单独拎出来的瞬间。

他无声无息地停驻在那些瞬息的角落里，安静得像是空气。只有在我们目光交汇的时候，他才会咧开嘴扯出一个我再熟悉不过的笑容，整个人便陡然鲜活了起来。

我讨厌被窥探，这理由合情合理，谁乐意自己连心底的秘密都示与别人？为此，起初我不知道和林岸生过多少回气。为了甩掉他，我在夜里空荡的街道上，把单车踏得像风火轮，可他始终稳稳当当地与我相隔着不近不远的距离。我骑累了，愤怒地问他："你们伽马星球的人，对跟踪这种事都这么无师自通的吗？"

我平生的嘲讽都融在那一句里。林岸低下头沉默不语，我以为他是心虚理亏，冷哼一声就要走，后面却陡然响起一句："我不能离开你。"

他的声音不大，我却觉得整条街道都回荡着这一句话。

"保护神不可以离开他的保护对象。"林岸抬起头，路灯下他眸子湿漉漉的，"愿愿，你赶我走，我会死的。"

嚯，鬼扯的理由又来了。

我重新骑上单车，他重新跟在不近不远的距离外，只是我不再骑得那么快了。

几次三番下来，我也就习惯了，但这习惯多是被迫。因为无论我怎么说教，甚至干脆和他吵架，说很重的话，林岸也从没主动远离我半步过，我一辈子没见过这么黏人的怪物。

算了，最后我屈服了。他愿意跟就随他，毕竟这人偶尔也是有点儿用处的，比如那天。

那天放学跟踪我、堵我的，不只有林

岸一个人，还有那群嬉皮笑脸的小混混。他们藏在一中校门口往前数的第三棵树下，看见我出来了就扯着嗓子喊我的名字。看到我的脸之后，他们交换眼神，口号换得统一又迅速，就差摇旗助威了。我低着头快速穿过放学的人群，假装暂时性耳聋，也假装这世界上根本就没有他们口中没有爹娘养的“野孩子”“土姑娘”，没有那个叫顾愿的女孩。

当我就要走过第三棵树时，突然又有人尖声喊了一次我的名字，拖长了声调：“顾愿，你奶奶晚上摔——倒——啦！你完蛋啦！”

我猛地定住脚步。他们在树后笑作一团，好像刚刚讲了一个好笑的笑话。我把手指蜷在一起握成拳头，想要打碎他们长期出演的这出恶俗又荒诞的戏剧，但有人握住了我的手。

“是假的，愿愿，是假的，他们骗你的。”

属于林岸的温度通过他握着我的那只手，源源不断地传送到我的身体里面，冰冻住的血液开始流淌，绷断的理智接上了弦，我哑着嗓子问他：“真的吗？”

林岸笑了，他伸出另一只手把我翘起来的校服衣领平整地压下去，反问我：“当然了，我什么时候骗过你？”

我半信半疑。林岸给了那群男生一个我看不懂的眼神，然后我们并肩走过第四、第五、第六棵树。道别时他站在我家楼下，我要比他多上两个台阶才能和他平视，原来林岸已经长这么高了。

“明天见。”他冲我眨了眨眼睛。

老旧小区连单元楼门口的灯泡都老旧，随着一阵一阵的电流声，痉挛似的亮着。林岸站在不远处，肩膀上覆着一层薄薄的银色月光。

确实有点儿像伽马星球的保护神王子了，那是我第一次认认真真地思考他的这个身份。

03

进入高三之后的第一件事是最后一次重点班人员调整。

我对人际交往没有半点儿兴趣，缩在自己的座位上做刚刚出炉的高考数学真题，等着冗长无聊的自我介绍环节过去。做到第二道解答题时，熟悉的声音骤然响起，我听见那个人说：“我叫林岸，初次到文科班，请大家多多关照。”

我的手一抖，辅助线顺着尺子一直画到了桌上。

抬头就看到林岸咧开嘴，从洁白的大门牙一直到后槽牙，全都露了出来。他把暂时搁置在讲台上的书包甩到背后，大步走到我旁边，自然地坐下。

“你脑子又不正常了？”

这是我对我高中三年来的第一个同桌说的第一句话。

听说开学前校领导找林岸约谈了六次，以确认这个次次年级第一的理科天才突然想转到文科班，是不是因为暑假去河里游泳时脑子里进了水。校领导们晓之以理，动之以情，想让他迷途知返。林岸一副去意已决的样子，甚至甩出了一句：“我转不转没关系的，反正都能考第一，不影响一中的升学率。”

“理科没什么好学的了，太无聊，我去文科班玩玩。”

一堆四十来岁的中年大叔听了这样狂妄的话，竟然找不到一句反驳的话。他们摆摆手，便纵容了他，就像过去这两年纵容林岸随时随地迟到、早退一样。好成绩永远是他的免死金牌。

林岸把这些细节讲给我听时，眉飞色舞的样子像是隔壁那个把口算题卡全做对的臭屁小男孩。我正绞尽脑汁地思考着辅助线该画在哪里，便敷衍地“嗯”了一声：“你真厉害。”

一支黑笔伸过来，指了指我刚标出来的H点和G点：“把这两个连上。”

乱七八糟的几何图形因为这一条线变得骤然明朗。

我三两步就写出证明步骤，折好卷子看向我的新同桌。尽管我没有问过，他也没有说，但我知道他来到文科班是因为我。

那一年的夏天，我唯一的亲人——我的奶奶，出门时在海鲜摊前的湿滑地面上不小心滑倒，而后因为骨折在家里休养了三个月。而这次事故似乎只是个小小的引子，衡城第一片金黄色的秋叶落下来的时候，急速消退的记忆力让她甚至连我都快不认识了。

无声的陪伴是最温柔的保护，林岸对这句话一直无师自通。

开学的第一天，放学后，如往常一样，林岸送我回家。我恍然想起他似乎从来没有提到过他的家人，除他这个人是真实的以外，他的一切都像被雾霭遮住一样模糊不清。

那天的我似乎接受了他那个伽马星球保护神王子的设定，鬼使神差地问了一句：“你会像这样陪着我到什么时候呢？”

“到愿愿平安长大。”林岸说。

我头一次小心翼翼地试探道：“那人能一直处在长大的过程中吗？”

“当然不能啦，你是不是傻？”他伸手在我的额头上弹了一记。

没由来地，我的心脏在得到他的这句回答之后，急速坠落到黑暗里面。

04

度过旧年的冬天，新一年的春天悄无声息来临，高考也到了倒计时阶段。

自打转到文科班之后，林岸的迟到、早退次数明显减少，校领导对此喜闻乐见，甚至想说服所有对物化生失去希望的吊车尾生去文科班开创新天地。

林岸不再每天陪着我回家，为数不多的体育活动课，他也不再时时刻刻注视着我，而是坐在教室里。为此，他特意向我解释说，这是因为他要恶补这些年的文科知识，我却总觉得这是他要离我越来越远的一个铺垫。可能就在不久后的某一天，林岸这个人就会像他毫无痕迹出现在我生命里一样，再毫无痕迹地离去。

从某一个时刻开始，我对林岸的态度发生了翻天覆地的变化——从前我恨不得他赶紧远离我的生活，现在却对他依依不舍。习惯只是其中的一部分原因，更多是因为林岸这个人。

我的生日在冬天，初秋大学报到的时候，我的十七岁走过了大半，我从来没有那么讨厌过生日的来临。

在过去的十七年里，生日都是我一整年里最期待的一天，尽管我没有表现出来。十七岁生日那天，我一个人塞着耳机听歌等着零点到来。轻音乐让我昏昏欲睡，险些错过零点，直到树枝敲窗户的声音把我从混沌中拉回现实。我抬眼就看到坐在树上，举起双臂向我挥舞的林岸。

“别挥啦，像只大猩猩，丑死了。”我嘟囔着把窗户打开，扑面而来的冷气让我打了个寒战。

林岸打着我看不明白的手势，我费了好大劲儿才明白，他是让我关窗。窗户关上的那一瞬间，噌的一声，他手上的大束冷烟花被他点亮。我们隔着玻璃冲彼此笑，我看到他拿烟花写道："愿愿，祝你生日……"

"快乐"两个字还没写出来，楼下就传来一阵嘈杂声。街道警卫接到大树着火的错误警报，闯到院里，拿着灭火器对着树上一顿乱喷。我重新开窗喊他快走，林岸怔愣了一秒，随后丢下烟花，跳下树就往外跑，其间还被什么绊了一下，背影狼狈又滑稽，和一分钟前在烟花后笑着的少年判若两人，却同样动人。

是从那一个瞬间开始的吧？我想。我发现我离不开他了。

十八岁生日那天，衡城下了整个冬季的第一场雪。

那时林岸在我生命里的痕迹已经越来越弱，但我们还维系着不多不少的见面次数。每一次我都想问一个理由，想问他可不可以陪我再久一点儿，可每当我看到他的脸，这些话就都问不出口了。

生日那天，他给我发消息，约在河边的公园见面。我以为等着我的是什么新花样的惊喜，欢天喜地地过去，看到的却是林岸单薄的黑色背影。

雪还在无休无止地下，真是罕见，初雪竟然是一场大雪。林岸看起来穿得很少，雪覆在他的肩膀上，像是那一年覆着的薄薄月光。

"愿愿，十八岁生日快乐。"

"你是不是要离开我？"

我们同时开口，说的话却差了十万八千里远。

就在那一刻，记忆里的对话突然苏醒，是林岸对我说过一万次的，吊儿郎当笑着说过，也认认真真解释过的——"我会陪着你平安长大，这是我的职责。"我愚钝又迟疑地意识到，十八岁，是不是就代表着一个人在法定意义上长大了？

"我的任务顺利完成啦。"林岸轻声说，他的嗓音像是生锈的发条，喑哑得发紧。

他开始缓慢地向后退了一步，两步。

那一刻的我丢掉了全部的懦弱和犹豫："现在我要是对你说，你离开我的话，我也会难过至死——"

"你还会离开我吗？"

后半句像雪花一样轻飘飘地落在了地上，可我知道林岸一定听见了。

因为他死死地看着我，漆黑的瞳孔在大雪里闪闪发亮。

短暂又漫长的一秒过后，他猛地向我跑来。

人间烟火

01

"林哥，林哥，你看热搜了没？"

策划部的员工像一颗炮弹一样闯到他的办公桌前，险些打翻那杯滚烫的摩卡。林岸抬起头来，语气不咸不淡："说吧，是哪对明星结婚了，离婚了，还是曝光恋情了？"

"都不是，是《远阔山河》的一个测评视频突然火了！你快去看！"

作为甫一上线就爆红，此时早已进入人气平稳期的经营体验类游戏，林岸从来没想到《远阔山河》还能有第二春。

再次出名的源头是一个游戏博主的测评游戏视频，那视频做得别出心裁，测评的不是大家都玩烂了的女主角和那个被誉为"最讨人厌NPC"男主角的故事线，而是故事里面女主角从小到大的同班同学，存在感极低的小透明顾愿的故事线。

要不是因为这个视频，其他所有玩家

都不会发现这条暗藏的支线。顾愿的保护神林岸因为支线未被激活，更是无人知晓。如今支线故事被曝光，《远阔山河》的新玩家注册人数翻了倍地增长。游戏官博的评论区里，大片大片的玩家留言说，这支线故事甚至要比主线还动人。

游戏出品方又大赚了一笔，负责人乐开了花，给作为主策划的林岸连打了三个电话，要给他加利益点。小小的工作室里每个人都欢呼雀跃，因为涨工资了。

他们问他："林哥，林哥，你高不高兴！"

林岸扯出一个敷衍的笑容，走回自己的办公室里。门轻轻地关上，锁扣把他和外面的世界隔开。一片安静里，林岸又一次打开了那个测评视频。

当初为了宣传游戏，出品公司找了很多游戏测评的博主，塞钱让他们做一期推广视频，他依稀记得名单里有这个人，但被她拒绝了。

这一次大概是纯粹的为爱发电，博主也完全没料到，只是因为鼠标不小心点错了位置就会触发这样一个崭新的故事，语气里面是难以掩饰的惊喜和小小的得意。视角新鲜是这个视频抓人眼球的一个原因，但是它能火到顶上热搜的程度，还是源于博主的解说。

"我在这个叫顾愿的女孩身上，总能看到我自己的影子。"

这是她开篇的第一句字幕。

同样自卑懦弱，小心翼翼，同样努力将自己隐藏在阴暗里，却总是被拉到阳光下鞭笞伤口，只因为她没有父母，她和别人"不一样"。没人真正动手打她，对她施以真正意义上的暴力，但讽刺的笑容是暴力，难听的外号是暴力，侮辱的语言是暴力……这些比动手更可怖。

"解锁这条故事的剧情线的时候，我总是会想，要是那个时候的我也有一个来自伽马星球的保护神王子就好了。"

"这样的话，那些暗淡的、看不到光亮的日子，肯定比自己一个人扛要好过一点儿。"

"我真羡慕顾愿，她有林岸，真好。"

视频播放到了尾声，他点开了评论区，是数不清的安慰博主的句子，大意都是："一切都过去了，未来一定会更好的。"鼠标向下拉，他看到了两条其他类型的留言。

一条是夸博主显微镜附身，这样隐秘的剧情都能被她找到，又说游戏策划也真够沉得住气，要是没人找到这条线的话，这个故事是不是就永远湮没在无人知晓的系统里。

另一条留言则好奇地问，故事到那个雪天就结束了吗？结局好像够不上传统意义上的圆满，艾特游戏公司，渴望看到后续。

博主确实很仔细，但还不够仔细，林岸想。

因为她但凡更仔细一点儿，就会发现在游戏的介绍界面，长长的策划人员名单里，剧本撰写那一栏的最后一个名字，是被黑色框线框住的"顾愿"两个字。

而这个几乎完全改编自真实故事的支线剧情，也确确实实像游戏里那样，结束在那个白色的雪天。

02

林岸第一次收到像别人日记本这样私密的物品，是机缘巧合。

日记本是顾愿的。那天他像往常一样去他自己用全部身家开的策划工作室里上班，在桌子上看到了一个陌生的快递，寄件人的名字是顾愿。

顾愿，太多年未见，这名字如同隔了厚重雾霭般，模糊又熟悉。

难以定义他们的关系，说高中同学好像太生疏、浅淡，毕竟懵懂的少年时代里，他在这个女孩身上真实感受过心动，可以现实里面他们表现出来的关系来看，“高中同学”又已经是最亲近的关系了。

他用剪子划开黑色的外包装袋，里面露出浅粉色的硬壳本外皮，上面的英文单词把本子用途彰显得明明白白，他突然怀疑是不是有人寄错了地址。

林岸从微信的通讯录里翻出许久没有联系的高中同桌，主动问起了顾愿的事情。那边回复得飞快，几乎在锁屏的下一秒，页面就重新亮起。

“哎？这么多年了，班长还对她念念不忘啊？”

“不过，你不知道吗？顾愿早就去世了啊，好多年前的事儿了。”

“听说她一直有抑郁症……”

那些话像虚幻梦境，林岸眨了眨眼，又眨了眨眼。

如果要用一种动物来形容林岸印象里面的顾愿，他觉得是乌龟。

安静的，温和的，迟缓的，突兀的……格格不入，以至于隔绝于这个世界。她蜷缩在教室的角落里，像难以被人发现的空气。

他注意到她，正是因为她难以被人发现的特点。作为班长，他需要在特定的时间核查班级的人数，需要时不时地收集和发放作业本。每次他站在讲台上扬声叫出她的名字，总是有白皙纤弱的一小截手臂从最后一排冒出来。他责任心满溢，想让她勇敢一些，故意说：“点到名字的同学要出声答到。”

然后又叫了一次她的名字：“顾愿！”

有声音响起，微小纤细得像是少女那一小截手臂，她说：“到。”

他心满意足地笑了，在花名册上她名字的后面重重打了个钩，视线扫过下一个要念出的名字。只是他还没来得及开口，就有男生吊儿郎当地问他：“哎，班长，顾愿是谁啊？”

那人抖机灵一般做出一个夸张的思考表情：“咱们班有这个人吗？”

教室里响起哄堂大笑，只有林岸冷着脸重重地把点名册合上：“你要是再说一句，信不信我记你旷课？”

男生佯装乖顺地闭上嘴巴，改用令人厌恶的促狭眼神看着他。

点完名之后是分发前一天的数学周测卷子。路过男生的座位时，林岸把那张三十七分的卷子不轻不重地拍在他桌子上，用只有两个人能听得到的声音说：“有闲心耍机灵，不如好好学习，让你这张卷子的分数从三十七变成七十三。”

说完，他头也不回地走向最后一排，抽出他为了方便找到，特意压了一点儿角的那张卷子递给顾愿：“你真厉害！这次数学考试，你的进步最大呢。下次考一百二十分都不是梦啦。”

原本垂着头的女生猛地抬眼，撞上他认真的眸子，林岸又笑了。

起哄的口哨声猝不及防地在班级里面响起，一声接一声，如同此起彼伏的黏腻海浪。为首的是刚刚被他“警告”过的男生。令人厌恶的眼神又来了，伴着揶揄的语句：“噢——原来林大班长喜欢这一挂的——”

林岸挺直的背脊僵硬了一瞬，随即如同过电一般战栗起来。

在那个时间，那个年纪说“喜欢”，像是打破了某种约定俗成的忌讳，更像是定时炸弹停滞在爆炸前的最后一秒。

“你乱说什么！”少年梗着脖子，似乎这样就能让自己多一点儿底气，“我作为班长，当然要爱护同学。”

他背对她重新走上讲台，没看见她眼睛里面的光亮骤然黯淡下去。

这才是少年时代的林岸。面对被自己形容成乌龟一样的女孩时，是一个懦弱的胆小鬼。

为了虚无缥缈的班长名头，为了迎合老师和家长偏执的期待，为了那些日后回想起来不值得一提的无用理由……他畏手畏脚，直到遗憾发生。

03

那个来自伽马星球的保护神王子林岸，本就是顾愿在特殊滤镜下，用一厢情愿虚构出的他。

他从来不知道她病得这么严重。

咖啡馆的红木桌子因为常年放在见不到太阳的背阴处，夏天碰上去都有微微的凉意。他深吸了一口气，开始艰难地阅读女孩子的日记，一字一句。

读他们走在樱花树下的春天，读充斥着蝉鸣和草莓味儿的冰激凌的夏天，读塑胶跑道上堆满金黄色落叶的秋天，读飘雪的冬天。

他读他对她的无尽温柔，明明故事的主角是他，读起来却像是别人的故事，温暖又涩然。

直到那个白色的雪天……

日记本里，顾愿问保护神王子林岸那句话：“现在我要是对你说，你离开我的话，我也会难过至死，你还会离开我吗？”

日记里的林岸头也不回地向离她更远的地方走去，像是现实世界里面，当他被人起哄、开玩笑时，当他发现自己距离她太近时，当他握住被人欺负摔倒的她的手腕，余光瞥见班主任而迅速甩开时……

他都头也不回地向离她更远的地方走去。

短短两小时，像在少年时光里重新走了一遭，像大梦一场。他抬起头，用力揉了揉发红的眼眶。

林岸把日记翻印了一本，然后把似乎还残留着微弱的少女气息的日记锁在了抽屉里。

同年他接到了《远阔山河》出品公司的邀请，邀请他的工作室为这款游戏设计全部的剧情。林岸承认，加入顾愿这个角色是出于他十足的私心。

故事里的顾愿是日记里的顾愿，是被人保护着的少女顾愿；故事里的林岸是日记里的伽马星球保护神王子林岸，他一生的职责就是让顾愿成为即使平凡却也闪耀的顾愿。

一切都按日记里的发展线进行，除了结局。

游戏的结局中，保护神林岸奋不顾身地向他的愿愿奔去。短短的一句话，倾注了十几岁的少年林岸缺失的全部勇气。

故事写完后他看向窗外，发现悄然来临的衡城冬天里，正静悄悄地飘着一场雪。

下雪的日子里，天是白的，地是白的，树是白的，房子是白的，一切都是白的。

大雪覆盖住那些沉默的角落、阴暗的秘密、不甘的情绪，还有幻化成虚空的过往。

岁月轰然倒塌，尘埃飞扬的恍惚里，他睁开眼睛，好像又一次见到了那一句被埋葬的，从未说出口，也再不会有机会说出口的喜欢。

我的心里住了一轮月亮

其实青春就这个样，有的人能活得光芒万丈，有的人始终是灰灰暗暗的。但这些其实也不是很重要了，以后的路长得无法估计，谁知道能不能一路开心地走下去。

像阳光一样寂寞

封 尘

1

我在樱庭镇的十八年里，总有那么些故事无法让人遗忘，而那些人如今已不知身在何方。也许我可以将他们写下来，纪念那些已经失去的岁月，那些萌动的青春与激情。

我的高中在樱庭中学，一个不算大的示范中学。它对外号称“创省重点的樱庭中学”，进来后我才知道，那个“创”字代表这所学校正处于并将长期处于“争取成为省重点”的状态。我知道的时候已经没有后悔的余地了，所以只能安心地在这所学校混下去。说“混”也不太准确，我没有像个混混一样闲来无事吸烟旷课打架，我只是不务正业——对于理科生来说，看课外书和写小说绝对是不务正业，况且，我的大部分时间都花在这些事上面。所谓课外书，也并非女生热衷的言情或其他男生喜欢的玄幻，而是严肃文学作品。当然，对于这所学校而言，这是很不正常的。所以我的处境异常艰难，难以找到同盟者。

我唯一的同盟者就是阿寂。我们在高一

的第一次期末考试后认识。考试当天，我正为一篇“难产”的小说苦恼，所以胡乱地做了考卷，然后提前交卷。

出考场之后我依然苦恼，便决定出校采风，却又看到门卫异常凶猛的眼神，只好决定退而求其次去学校天台吹风。天台很安静，只有两个人，一个在练街舞，状似抽风，另一个趴在围栏上向外看。我看着外面的世界，想着未完的故事。

有人拍了下我的肩膀，我转过身，看到一个陌生人。他一边说这什么鬼题啊这么难，一边随着校外车子移动的方向转动脑袋，然后说，这车也敢开这路，他不怕把底盘磨没了啊。这于我很突兀，如果可以的话，我想把百度搜索软件安装在大脑里来想起此人，避免现在的尴尬。他也注意到了，挠挠头，尴尬地说，你好像还不认识我，我叫袁寂，叫我阿寂就行了。我看着这个叫“圆寂”的小子，以及那个频频往地上撞的家伙，突然很想笑。

2

上课的老师们总爱说，你们是高中生了，学习要靠自觉，自习课要知道自己该干什么。于是我在自习课上奋发图强，争取一年内从鲁迅看到余秋雨。后来知道那是不可能的。中国的文人多，抛开没名气的，著名作家就有几火车；中国人又好以辈分来排次序，要做著名作家，就得写到老，因此作品无数，而真正好的作品却不多。问题在于：书的好坏要一本本看过去才知道。结果是，之前的任务就成了大海捞针。

我“捞”了一学期，自我感觉收获颇丰，就开始写稿子，然后投稿。稿子大部分都是泥牛入海。后来我知道阿寂是个诗人，这让我惊诧无比。他说，其实也没啥，就是看那特别美的散文，然后自行仿造，再把仿造品拆散了随机组合就行了。我说，这样都行啊？他说，那当然，很多人说我的诗好。我说，那倒也是，这说明你找到了诗的“真谛”。

有一次我看杂志居然看到阿寂的诗。诗的后面有他的一段话：我觉得写诗就是要认真，要把自己真正融进诗里，让诗成为自己更真实的一面，至于那些不懂诗的人，就让他们不懂好了，好的诗是不需要人懂的。

我觉得“是不需要人懂的”太写实了，因为如果有人看懂了，那这个诗人就混不下去了。所幸没有人能看得懂，包括诗人自己。那些吵着好诗好诗的人估计就是因为没看明白才叫好，如果明白了，就像知道大名鼎鼎的芦荟或龙舌兰就跟油葱一样，便觉不出美了。

为这个事我没少嘲笑他，不过他说，就是闹着玩玩而已，好歹我也进行了深加工啊，比那些直接搬别人的书说是自己作品的人强多了吧。我说，那也是，不过还有更次的，就是自己写了东西，说是名家的，拿到书市去鱼目混珠，具体情况你逛一下书店就知道了。

3

高一下学期开始的时候天出奇地冷。我搬出了寝室，和阿寂一起租了房子。除了写诗这事外，他是个挺不错的人，尤其是需要掏钱的时候比较豪爽。至于他写的那些诗，我没资格说，我毕竟只是个发表过一些豆腐块的，俗称“豆腐干文人”，他好歹还是个小有名气的，虽然手法比较低劣。倘若我看不起他，就有些像五十步笑百步，不过话说回来，这中间还差着五十步，那是我的底线。于我而言，写诗也好，写文章也好，都不能投机取巧，这也是文人应该坚守的原则。

当初想着住校没什么，后来发现这是个极不明智的决定。所以当阿寂提出合租房子时，我毫不犹豫地答应了。另一个让我毫不犹豫的原因是，他提出承担三分之二的房租。

搬东西的当天，我发现自己上了这小子的当。他出三分之二的房租是没错，可其中一半的钱是另一个租客出的。在我和那人沟通后，我知道阿寂对他也是这么说的。我暗自感叹这家伙真是不简单，城府估计都扎根马里亚纳海沟了。另一个租客暂且叫他“学者”吧，他的名字太大众了。

基本上我们能看到他的时间里他都在看书，那是相当正规的教科书。他架了一副高度数的眼镜。阿寂曾经试图通过亲自实践来搞清楚具体度数，没成功的原因是他刚戴上就莫名其妙地从床上滚下去了。“学者”震惊我们的另一大特点是他的呼噜声。他的呼噜能与海浪比分贝，搞得我感觉住在海边。而且他不睡则已，只要倒在床上，立马打呼噜，这很讨厌。以前我总是在梦里看草原，后来就只能梦到大海了。看海的心情和在大海上漂泊的心情是截然不同的。

我想反正也就那么回事，也没怎么计较。其实这和住寝室差别没多大。阿寂搞了个电饭煲，下晚自习后就在锅里煮大杂烩，什么玩意儿他都敢往里扔，让人意外的是煮出来的东西味道都还不错。这导致我和“学者”经常趁他离开上厕所的空当把锅里的东西扫荡干净。他发现后气得跳脚，然后又往锅里扔东西。我们怀疑他是东北人，因为听说东北人擅长这个。

此外，我搞了些瓶瓶罐罐和花草种子，一个多月后把出租房搞出了生气或者说“妖气”。“学者”从家里拿了吉他来，我们以为这家伙是高手，经他的手在弦上一拨，我们就明白了，他和吉他生生世世都没可能的。然后我们禁止他碰吉他。不过，我们常常会趁他不在的时候拿来弄一会儿，收获是周围邻居的伴奏：“谁家在装修啊？小声点也不会死吧！”

4

高一下学期的第一次月考后我突然很想转去文科，没有什么正式的理由，属于脑子一时烧了，第二天就烧进了文科班。晚上回出租房，阿寂看到我，说，你小子脑子有毛病是吧？学得好好的怎么说溜就溜，溜也不打个招呼，好歹我还能给你参谋参谋吧？

我说，你就当我有病吧，我自己也不清楚。

我躺下后竟然没有听到熟悉的海浪声，一时不习惯，折腾着爬起来。我问阿寂，怎么没看到“学者”？他去哪儿了？阿寂说，参加个什么竞赛了，说是拿了奖就能保送个什么大学，具体的我也不清楚。我说，那我怎么办啊，没有他的呼噜我还真睡不着，恨当初没有给他录下来以备不时之需。阿寂转身提起了吉他，我一看他这架势立马冲过去把吉他抢了下来，跟他说，你想死也别拉我陪葬，白天拉都像挖了别人祖坟似的，这半夜三更的你不怕别人扔俩手雷啊？

转到文科班后的生活依旧无聊，投出去的稿子像扔在沙漠上的种子，天知道地球发生多大的变化它们才有机会萌芽。阿寂的诗倒是持续不断地发表，我每次看到他的诗就会猜原材料是谁的文章，竟能够猜得八九不离十。这让我更加坚守文学创作的底线。

有一天阿寂说，你可以把诗再整回散文嘛，这叫回归自然。我说，算了吧，那不是自投罗网吗？况且我现在还没混出名，这么早把名声毁了多不划算。

然后阿寂说，我以前也挺热爱文学的，后来我知道文学不爱我，这没办法，我只好爱稿费。热爱文学的人要么移情别恋要么悲壮殉情，真正幸运的没几个。

我不置可否。其实我不是热爱文学，只是有倾诉欲望而已，无奈编辑们大多不喜欢听我喋喋不休。我很无奈，我觉得写作是个人的事，可编辑们回信说你应该写写光明面歌颂一下嘛。我只好说，不好意思我另投高明吧。可我至今没有投到高明。

5

日子过得像流水。这是阿寂说的。我说日子过得像流水账。我在文科班混得很勉强，估计勉强上个二本，所以我决定继续读下去，毕竟现在也没事干。阿寂说他毕业后绝对不写诗了，受不了文友们的酸话。最没疑问的是“学者”，他已经拿到了保送名额，现在在学校做个样子，时间一到就去南方某个温暖的城市。

我开始为以后的路担心。人就是这样，在时间充裕的时候不会担心以后，能居安思危的只是极少数的人。高中的前两年大家都肆意挥霍时间，想着反正以后时间还长，可这高三冷不丁就要结束了，不得不想条退路。我想如果考个二本就去读，再过个三四年，然后找个工作再去混日子；考不上就去打工。总能有条路吧。

阿寂说我没有追求，怎么就没想过当个作家，写字养活自己。我说，你以为我不想啊，可那是天路不是退路，更何况我现在只是个路人甲，只在一些杂志上跑过龙套。不过就算有一天成了作家，还是小有名气的，我也不能把写作当作职业，我怕把激情耗空，再也写不出像样的东西。

高考前两个月，阿寂在杂志上写了绝

笔——不，封笔之作，据他说这首诗真是自己原创的，算是报答文学的，兼和稿费分手。阿寂分手后勤奋了不少，后来那本杂志还专门给他做了期告别专题，还说“我们不会将你遗忘，你永远在我们心里”，看得我快要“含笑九泉”。

考试前几天，我和阿寂约定一起去云南旅游，算是对青春的告别。这个时候“学者”已经消失了，不知道是不是已经去参观他的大学了。他走的时候把吉他留下了，说想我了就拨弄两下。

考试的时候我所在的考场晕倒了一个，另外没什么可说的。以前总是听别人说高考有多恐怖，考完后我发现真正恐怖的是不知道考完后还能做什么，好像这辈子就剩个高考似的。

考完后我在学校发了很久的呆，回到出租房，阿寂的行李已经搬走了。他留了张字条：本来想等你回来跟你告别的，现在没时间了。小子你要给我活得好好的啊，要是哪天再碰到你一定试试你的抗击打能力。我也不知道要去哪里，先胡乱走走吧。还有，那把吉他留给你独享了，要是真不想活了就拉着玩玩儿。

我自言自语，阿寂你个笨蛋，吉他是拉的吗？

6

我去云南旅游了一趟，一个人。行李之类的被我留在了出租房里，房东说九月份之前必须搬出去。路上我想了很多，其实青春就这个样，有的人能活得光芒万丈，有的人始终是灰灰暗暗的。但这些其实也不是很重要了，以后的路长得无法估计，谁知道能不能一路开心地走下去。反正拥有过就好了，起码已经够本了。

这一趟我走了很多不是旅游区的地方，一个人背着背包，走在别人的大街小巷。在一个不知道是哪儿的街头，我碰到一个弹吉他的年轻人。他弹得很起劲，然后弦断了，他停下来叹口气，收拾东西准备离开。我拦住了他，递给他纸和笔，让他把地址写下来。他疑惑着写了。

第二天我走到了玉龙雪山下，准备了些东西，然后往上爬。由于上山时已是傍晚，就在半山的旅馆住了一夜。半夜睡不着，又爬起来翻书。凌晨时我退了房，背上东西借着微光继续走，走了一会儿停下来准备看日出。

山上空气还不算稀薄，可是冷，尤其周围很远都看不到人的时候。一会儿，太阳慢慢从地平线上挣扎出来，有些刺眼。我掏出手机打算告诉谁我现在在玉龙雪山看日出。手机显示没有信号。

从云南回来，打开出租房的瞬间，我产生了打开被封闭很久的时间的错觉，就像这房间里的时间一直停留在我离开的时刻。这种感觉令人莫名其妙地感到有些悲伤。我把“学者”的吉他寄给了在云南碰见的那个乐手。那些已经快枯死的花花草草被我一一搬到了外面，任其自生自灭。

现在我在北方的一所大学，写着无法出口只好内销的小说。有些事情早已结束，可另外一些才刚刚开始，一如每日清晨升起的寒冷的寂日。

同一句话，从别人嘴里说出来，我也许笑笑就过去了；若是从知意嘴里说出来，我可能要和她冷战一天。

大概这就是所谓的“好脾气给别人，坏脾气给亲近的人”吧。

年少有知意

✿方栀柒

一

中午，和小A去食堂吃饭时，遇到了知意。

知意似乎有什么急事，匆匆往宿舍的方向跑去。经过我身边时，顺手揽了一下我，说了句：“呀。”

我们从小一起长大，总是有千百种简略的打招呼方式。我也搂了一下她，有些嗔怪地提醒道：“别那么急，注意点路。”

知意离开后，小A突然撞了撞我的肩膀，问：“她是你朋友？”

我随意地点了点头，就听她用带些羡慕的语气感慨道：“她好像一个公主啊。”

这个评价实在太高，试问哪个女孩子不想成为一个公主呢？我下意识向知意跑走的方向望去。今天的她穿了一条粉白的裙子，在太阳的照射下，像一朵清新的小雏菊。她扎着高高的丸子头，衬着白皙纤瘦的脖颈，真的有几分电影中白雪公主的样子。

我心里突然生出了些酸涩的醋意，假装不经

意地说："可惜是个成绩不好的公主。"

话一说出口，我就脸红了。阳光似乎穿过了高高的树梢，直直落到了我的脸上。滚烫的红晕从脸上蔓延到全身，我仿佛一个被公开处刑的卑劣者，不敢面对他人的优秀，只敢躲在背后说着不入流的坏话。

可天知道，我从小便觉得知意是个小公主。她长得好看，性格也开朗。虽然因为不爱学习，总是被训斥，可只要她委屈巴巴地皱皱眉，就没有人舍得苛责她。

上了高中后，她爱上了画画，干脆去了美术班，既能够培养自己的兴趣，也能够成为特长生，为上大学增添一份保障。也因为如此，我们才在高二时被分到了不同的班，有了不同的交际圈。

离开她的光环，我的生活少了一些因她而来的朋友，虽然冷清了不少，心里隐藏的自卑却渐渐消散了。

我悄悄打量小A的反应，她似乎没有听见那句话，身心已经被食堂的香气勾走了。看着她急切又可爱的样子，我在心里安慰自己：我才不是嫉妒知意，我只是担心小A被她蛊惑罢了。

小A是我的同桌，应该多夸夸我才对。

二

考完月考，我和知意一起回了家。

因为周边的三所学校一起放假，回家的公车上站了满满的学生。我把知意护在怀里，小声抱怨道："太多人了。"

落日余晖随着车辆的前行不停变幻着形状，愉快的喧闹声像是慷慨激昂的进行曲。视线摇晃，我有点走神，知意却突然扯了扯我的衣摆，有些激动道："晚霞！"

我抬眼一看，只见车窗外玫瑰色的云块层叠绽放，金色的光柱拉开天幕，将楼房与天空都染上了绮丽的色彩。

汽车上涌起了一股股骚动，我的心反而慢慢平静下来。趁着大家都在看美景，在到达下一站时，我眼疾手快地将知意塞到了新空出来的座位上。

知意有些蒙，反应过来后拉拉我的手，自己往前坐了坐。逼仄的凳子被硬生生挪出了一小块空地，我假装嫌弃，却任由她将我拉了下去。

因为空间太小，我俩挨得紧紧的，她身上好闻的橙花香气都绕到了我的鼻尖。我靠在她肩上，小声炫耀："还是我厉害吧，反应天下第一灵敏。"

她露出了一个灿烂无比的笑容，夸奖道："不愧是你。"

下车时，我们被挤得几乎散了架。我一边活动筋骨，一边摩拳擦掌准备好好度过这个美好假期。刚到家门，就看见我妈正好从知意家出来。她手里还提了一袋子西红柿，见到我们，第一句话就是："知意回来了呀。"

说完好像才看见我，笑眯眯又说了句："乖女儿也回来了，好像瘦了。"

我的好心情瞬间打了折扣，对这个打招呼的顺序耿耿于怀，有些吃味道："到底谁是你的宝贝女儿啊，你总是第一眼看见知意！还回回见我都说瘦了，我才没有瘦。知意才瘦呢。"

妈妈习惯了我的醋劲儿，立刻推着我往家里走："是妈妈的错，走走走，今天特意去知意家顶楼摘了些西红柿，就等着给我宝贝做西红柿蛋汤呢。"

她的语调七转八回，我不回头都知道知意肯定在跟我妈挤眉弄眼，笑我吃她的醋呢。

等到晚上，我回到自己房间，拿出了知意送给我的那套画具，挤出颜料调好色，尽我最大努力将今日惊鸿一瞥的晚霞留在了画纸上。

抽屉里已经码好了厚厚的画纸，上面都是一些简单的小画，我每次看到都很有满足感。我给自己定了个计划,等考上大学后，我就将这个爱好发扬光大。只要慢慢积累、进步，我相信自己终有一天也能画出优秀的画。

不过，我才不会承认，我是在偷偷跟知意较劲儿呢。

三

“死党”是一个很神奇的词。因为我和知意从小一起长大，大家看我们就好像看一个整体。世上那么多人，我们比得最多的就是对方。

我处处和知意比较，街坊邻居也常常拿我和知意比较，好像总要在我们两人之间分出个优劣来：我成绩好，字写得好，但脾气不怎么好；知意长相好，画画好，但成绩不怎么好。

在我心里，我恨不得连头发丝都比她长，好让自己能够更出挑一点。可等到街坊邻居说我俩的缺点，我又一万个不服气，恨不得与他们辩出个子丑寅卯来。

前段时间刷手机，看见了一个很有趣的言论。有人给两个秀友情的小姐姐评论：“女孩子要一起夸，我们三个人真好看！”

可爱得不得了。大人们怎么就不懂这个道理，夸人要一起夸，总踩一捧一做什么。就比如现在的我妈，她拉着我散步，又在说：“我刚刚在知意家看见了她给她爸妈画的画，多好看，多有意义。你不是也喜欢画画吗？怎么没画出什么东西来？”

大人好像总是这样，不怎么关心孩子的进步，只看最终呈现出的结果。哪怕我知道妈妈的感慨并没多少恶意，但我还是被伤自尊了，想回怼一句：那你倒是送我去学画画呀，培训费要好大一笔钱呢，你舍得吗？

可看着她头上悄然而至的白发，我的话又咽了回去。我已经是一个成熟的高中生了，不应该再肆意妄为地伤害爱我的人。

可能这就是成长的代价吧，心里百转千回，嘴上倒开始饶人了。

我抠了抠手心，在心里对知意生气：画得那么好做什么，跟你相比，我就是个小废物。

正想着，知意突然从背后拍了一下我。我惊魂未定，颇有种被抓包的羞耻感。幸好世界上没有读心术，不然我一定会羞耻到找个地洞钻进去。

知意兴高采烈问我：“去不去逛超市？我想去买点东西。”

我火速和妈妈告别，拉着她奔向超市。现在的我急需一瓶冰饮降降脸上的火。

四

放完假回到学校，我“无所不用其极”，终于让知意答应为我画一幅肖像画。

她有些羞涩：“我画人像还不够出色呢。”

我嘴上说：“没事，只要你画的我都喜欢。”

心里却想，她如果画得像，我就偷偷珍藏起来；她若是画得不像，我就大张旗鼓拿回家给我妈看看，她夸上天的知意也有不够优秀的时候。

我的小算盘打得叮当响，怎么想都觉得两全其美。

直到我拿到那幅画在班上炫耀时，经过的鹿晞惊叹着夸了一句："这是你朋友画的吗？画得真好。"

鹿晞成绩好，个子高，最重要的是，长得特别好看。他有一点小洁癖，课桌整齐干净，他也清爽干净。和班上那堆不修边幅、或多或少长了青春痘的男孩子相比，鹿晞简直就是传说中的偶像剧男主角。

我虽然和他同班两年，却只说过寥寥几句话。他主动一开口，我所有勇气便如同泄气的气球，"咻"的一声缩进了名为"害羞"的龟壳里。

我脸红心跳，虽然恨不得现在就将这幅画送给他，可碍于少女的面子，只是小声回了一句："她学画画的，是比较厉害。"

因为鹿晞的参与，本来不感兴趣的同学也凑上来看，这幅画转眼间就在班上传了个遍。

我本来觉得知意的这幅画样样都好，眉毛像我、眼睛像我、嘴巴像我，活脱脱就是世上第二个我；鹿晞看过后，我立马推翻了之前的想法：这幅画明明一点都不像我。我的眉毛应该更整齐些、眼睛要大一些、嘴巴要可爱一点，知意画的"我"怎么比得上真正的我？

我厚着脸皮问他："你觉得这幅画好看吗？"

他笑了笑，又仔细看了看，点头说："好看，挺像你的。"

我忍不住笑，开始想这个"好看"是单纯夸这幅画呢，还是顺便也夸了夸我呢？

不管是什么意思，我心里已经出现了一个狂野的鼓手。他敲起鼓来毫无逻辑与章法，只是闷头狠敲，一下一下，震耳欲聋。我心跳被敲得飞起，脸色也渐渐红了，开始奇怪地顾左右而言他："要是我画画也能这么好就好了。"

说完，我还夸张地笑了几声。笑完我就后悔了，觉得自己表现得一点都不自然。

鹿晞安慰我说："你那么聪明，如果认真学的话，一定可以画得很好。"

今天到底是什么好日子啊，他不仅夸我，还夸了两次！眼前若是有镜子，我肯定能看见一脸傻笑的自己。

吃晚饭时，我火速冲到了知意面前，抱着她毫无骨气哀求道："宝贝，教我画画吧！"

知意有些惊讶道："以前怎么说你都说要自学，怎么今天突然开窍了？"

我对她做鬼脸，才不想让她知道是因为鹿晞的夸奖呢。

五

虽然有一些爱好的底子在，但毕竟没有接受过系统的训练，若是想要达到知意的水准，我要花很多功夫在打基础上。

可我们马上就要高三了，没那么多时间让我花在"爱好"上。知意心里也有分寸，干脆让我先学习一下Q版漫画。Q版漫画对于基础要求没有素描那么高，把人物往圆滚滚的方向画，总能看出几分可爱来。

再加上一些个人特征，就是一幅很好

的画像了。

我本有些不满足，还是更中意写实的风格。可有天鹿晞点赞了我的朋友圈，还留了一句："好可爱的皮卡丘。"我就立刻喜欢上了这种风格。

少女就是这么理直气壮地善变。

在知意的推荐下，我买了一本学习Q版漫画的书，反正难度不算大，没必要时时去问知意。也因为把课余时间花在了学画画上，我和知意的交流没以前那么多了。

这天中午，我和知意一起去食堂吃饭。在路上，恰巧碰到了许瑶。许瑶是我高一的同学，高二分班后我们不在一栋教学楼，就很少碰见了。

我立刻兴高采烈和她打招呼，还夸张地给了她一个拥抱。和她说了说近况，表达了想念，等她离开，我才发现知意已经把我远远甩在身后了。

我奋起急追，气喘吁吁地抱怨："你怎么不等等我？"

知意没说话。她面无表情地看了我一眼，我就知道她生气了。

可刚刚明明还是好好的啊。

我挠了挠头，问："怎么了？"

她说："你要是不喜欢和我一起去吃饭，我们以后就不一起走了。反正教室也不在一起，每次还要耽误你时间等我。"

这话说得严重又毫无道理，我蒙了一瞬，有些手足无措地说："你怎么会这么想？"

她却不再和我说话。我好说歹说，她都不给我解释，于是我也生气了，只觉得她莫名其妙。

下午上课我都有些走神，等到自习课，我更是越想越气，嘟囔道："明明是她不等我，我还没生气呢，她倒是给我摆脸色。"

从小到大，我们有过很多争吵。虽然平时看起来都开朗和气，但她心思细腻，我也有些敏感，生活中总少不了小摩擦。

说起来，我们对彼此的容忍度比对其他人低多了。同一句话，从别人嘴里说出来，我也许笑笑就过去了；若是从知意嘴里说出来，我可能要和她冷战一天。

大概这就是所谓的"好脾气给别人，坏脾气给亲近的人"吧。

因为生气，连鹿晞和我说话，我都没那么兴奋了。他好归好，毕竟和我的生活没多大的关联，可知意不一样，知意可是我最好的朋友！

我越想越委屈，于是给知意发了一条长长的微信。控诉到最后，我又有些心虚，知意不是无理取闹的人，这次我肯定也有什么地方做错了。

知意的微信回得很快。我这才知道原来是因为这段时间我没怎么搭理她，她心情不好；今天中午明明我们在聊天，谁知道我遇到别人立刻将她撇开了，让她有种被抛弃的感觉。

她在最后问我："如果我和你说话说到一半，突然和其他朋友走了，你会生气吗？"

何止生气啊，我光是想想都要炸掉了。

换位思考，我这才觉得自己做的事有多过分，连忙发了数个讨好卖乖的表情包表示对不起，又和她约好吃完晚饭去奶茶店喝芋泥奶茶，等她接受后才放下心来。

一件大事尘埃落定，我这才静下心来复习今日的功课。下课时，我习惯性地拿出速写本，刚准备落笔又顿住了。

我偷偷去看鹿晞，这段时间虽然还是

接触不多，但我能感受到鹿晞并不是高高在上的冰美人。他温和有礼，成绩好，爱好也多。画画只是他的爱好之一。

虽然我很想和他做朋友，但若是因此本末倒置，将自己的生活搞得一团糟就不好了。虽然不想承认，但这段时间的确花了太多时间在画画上。

不管是学习，还是知意，都被“辜负”了。

我有我的节奏，画画现在只能是消遣。有什么事情，等考上大学再说吧。

咳咳，做出这样的反省与决定，我才不是因为太在乎知意呢。

六

高三时，学习渐渐紧张起来，铺天盖地的试卷能轻易将莘莘学子淹没。

知意比我更先面临正式考试的压力。她要参加艺术联考与单招考试，等单招考试结束后，她还要静下心来好好准备文化考试。

我以前只觉得当美术生真好呀，录取分数线比普通考生低了上百分，平白多了好多优势。可看到知意的努力，又觉得这一切都是他们应得的。

他们一边学习画画，一边兼顾文化课，实在是精力不够。再说，即便有这样一个“捷径”，也不是人人能走的。知意有天赋，又努力，才能够获得“捷径”的门票。

她第一次出去考试时，我比她还要紧张，生怕她人生地不熟，出现什么意外。虽然她一再强调有老师带队，我还是放心不下。

送她去和老师会合时，我唉声叹气道：“真好，你都不用做卷子，还可以到处去玩，见见世面。不像我，长这么大，还没出过几次省呢。”

说完，我倒真想叹气了。心里想的明明不是这个，怎么说出口的话总有种酸味。我开始审视自己的心态了，我可不想变成一个柠檬精，每天都在嫉妒来嫉妒去。

知意轻易地看透了我的嘴硬，握拳道：“我一定会加油的。等我们考上大学，就到处去玩，想去哪儿去哪儿，才不管大人们怎么想。”

我也跟着握拳，不自觉地笑了笑，似乎已经看到了我们无比光明的未来。

她上车时，我跑过去抱了抱她，在她耳边轻声说：“我也会加油的，我们一定要考在同一个地方的大学啊。”

她笑着拍了拍我的肩膀。

回到学校时，我看着人来人往的操场，生出了一种怅然若失的感觉。知意离开了，总感觉校园里少了些什么。

“刚刚怎么回事啊？”我敲了敲自己的脑袋，因为脱口而出的那句话耿耿于怀。我的心态好像在高三的高压下不知不觉失衡了，明明能看见知意的优秀和努力，却还是“嫉妒”她的经历。

但是，也正因为如此，我的心里一直有一股力量，促使我向更优秀进发。

想到这里，我的身体突然充满了力量，知意正在为着未来奋斗，我也不能松懈才是。那些伤春悲秋的情绪留存一瞬便够了！

知意，等着吧，我一定不会被你抛下的。当然，我也很真切地盼望着我彻底超越你的那一天。

那一天，天一定很蓝，我一定笑得比谁都大声。

冲呀，我不服输的少年时光。

人人都有自己的目标与勇气，世界以十分合理的模式运行，人类群星闪耀。

骑猪远遁，到冰川尽头寻我

✲超　克

01

我发现我对“遵循常理”有一种接近本能的厌恶，从很早起就秉持着别人的路径是别人的与我无关的想法。不过大体上我在学生时代还算是一个乖学生，所有的叛逆仅限于浅尝辄止，例如装病逃几天课或者不写自己学得好的学科的作业。比起叛逆者，反倒是更像某种精明的善于算计的功利主义者。然而实际上我非但不精明，在处理问题上甚至相比一般人是笨拙迟缓的。我更喜欢称这种叛逆为“无害的表演型人格”。抽象一点说就是稍微地叛逆一下然后迅速融入主流认同的体系。

高中阶段承载着我 18 年生涯里绝大多数的“无害叛逆”，我的高中三年是在一个小学校度过的，三年里印象深刻的并不多，主要是冗长的重复以及每天上学都得经过的垃圾场的恶臭之味。相比一些省内强校，小学校作风保守，行政管理冗余颇多。这样的一个环境对于十六七岁的少年来说很难不对此做出反抗。

老师遇到我这样的学生往往头疼，叛

逆但不越界，一举一动看似都在主流的轨道上，但总有种吊诡的不适配感，仿佛在冷静地宣示自己能力的优越以及拒绝合作与沟通。高三结束之后，我在高中阶段最喜欢的老师在和我深度聊了一下之后才惊讶地说："你看上去像是一个理性到冷漠的人，我一直以为你是那种不屑于上我的课的人。"

不过小学校也有好处：可以通过在学校里和同学一起吐槽学校迅速获得某种强烈的集体认同感。特别是在巨大阴影的笼罩之下，这些看似微弱的认同感可以迅速点燃人的一些原生的热情。察言观色和推心置腹的能力很难同时存在于一个人身上，生态位意识越清晰人就越难对他人敞开心扉，不过相反也就更能获得一些结构性的快乐。

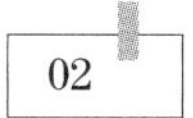

02

王家卫导演的《春光乍泄》是一部好电影，当然王家卫的大多电影在我看来都是好电影。影片全程充斥着一股愤懑的调调，这种"愤懑"在那个时期的作品里其实挺常见。不过全场看下来最让我眼前一亮的反而是里面张震演的一个戏份不多的角色。

和两个男主的沉重愤郁的感觉不同，张震的这个角色格外轻盈、自然，归根到底还是"自由"。不畏惧寂寞，有自己的目标，作为主角故事里的插曲显得尤为清新，消解了电影内容本身的一些厚重感，像是夏天放学后的第一口冰可乐。

我很喜欢自由以及有自由之心的人。李海鹏在他的一篇随记《骑猪走天涯》里表达了对宣告式口吻的厌憎，他认为真正好的世界应该保留对于不驯化者的宽容，对此我深有同感。

我自己虽然不能算是一个绝对意义上的不驯化者，可是怨怼之心还是时常会有的。就算内心的理想社会真的实现，估计也会产生新的厌烦，到时候真的只能像书里写的一样——骑猪远遁到冰川。

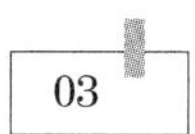

03

如果这里是上海高考语文作文的话，可能写到这段就差不多该开始辩证环节了，我在高中时期很喜欢用的辩证语料是米兰·昆德拉的"绝对自由同时也代表着绝对责任"，即使我压根没看过米兰·昆德拉的哪怕一本书，但耐不住好用嘛。

就算是所谓对思辨性要求最高的上海高考语文卷，宣告式口号以及名人名言依然有用武之地且有一大批中等学生拥趸，其中也包括我，我在高一就会背许多哲理名言，但直到高三备考强基之后才发现许多名言都是误传。

简而言之，米兰·昆德拉认为我们所有人都是戴着镣铐跳舞，不存在绝对意义上的自由。这让我想到前段时间一个很火的句子，说人生不是轨道而是旷野。

好像关于苟且与诗和远方的讨论始终是文青必打卡话题。但在我看来，这帮人是既不懂责任又不懂自由，我觉得自由就是逃避，面对莫名其妙毫无根据的东西说句不干了，“逃避”在我的认知里从来不是贬义词。逃避、厌烦、怨怼这些所谓负面的情绪在我看来恰恰代表自由和真实。代入“轨道旷野”模型的话我觉得——人生是一场“越轨”。

回想临近高考60天的时候，我因为身体不适回家休息一天的那个时候，我在自己的日记里写下：“面对无法消弭、恒久的痛苦，有时候比起坚持，逃避才是最优解。个人命运纷杂，人需要偶尔地逃离系统与环境感受闲暇，才能真正感知到自己作为区别于其他客体的主体性存在感。人不应该成为系统的附庸，要敞亮地活着。”

04

在心绪最浮动也最中二的那个年龄阶段里，或许人人都有过自己宏远的目标，渴望声震人间，渴望点燃闪电。

但我认为人生是一个不断祛魅的过程，每到达一个新的地方就会发现原来这地方也没有自己原来想象的那么好。如果在短时间里进行大量的祛魅，那虚无主义便会萌生。

那何以面对虚无？一种路径是不断地超越，这确实是某一种很有殉道者精神的行为，勇气和野心在心中猎猎作响。我见过不少从我认识至今始终保有这样一种超越之心的朋友，我也一直认为他们是世界的珍宝。

但是就我们大多数人而言，超越之心人皆有之但难在坚持，于是乎我认为还有第二种路径去面对虚无。我很喜欢像大洪水这样直观的庞大的恐惧象征，类似的印象深刻的还有余光中的《西螺大桥》里的“严肃的静铿锵着”以及索尔·贝娄在《赫索格》里描述的“巨大金属球”。

专辑中让我印象最深刻的还是最后一首《after that》，里面的歌词这样写：“我们失去的一切现在可重新找寻，向着喜欢的方向迈出脚步吧，但是停在原地也无妨。”这是很朴素简短的一句歌词，但是一度被我纳入自己的世界观模型之中。

这句歌词里有两个关键点，一个是“再来”，另一个是“暂停”。“再来”意味着西绪福斯的曙光——西绪福斯理解荒诞本质之后的涅槃；“暂停”意味着对西绪福斯的超越——人类在前进或后退之外的第三种选择或者说灰色地带。智力平庸的我们大多数人，不具备强超越性和强迭代性的我们大多数人，对待虚无的第二种路径，便是认识到我们的一切行为都在一个“容错框架”之内。对于世界本质上强容错属性的认知，可以消解掉我们心中原有的许多焦虑和恐惧，进而向自由迈步。而拥有这种敢于选择的自由，便是我认为大多数人对抗虚无的路径。

至此，我心中有关自由的理想社会算是描绘完毕了。人人都有自己的目标与勇气，世界以十分合理的模式运行，人类群星闪耀。那时我估计就在冰川尽头的冰窖子里面呼呼睡大觉，一旁是我的坐骑猪。然后就是表演一个“相与枕藉乎窖中，不知东方之既白”。

艺术是孤独的，没有一个艺术家是为比赛而生的，而创作者关注的应该是作品本身，所谓名利不过是做到极致后的光环。

像一只猫走过时发出的足音

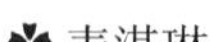

✲ 麦淇琳

陈小昭是在青春的开端认识苏然的。这一年，陈小昭十三岁，刚念初中二年级，留着齐刘海，笑起来一脸稚气，但眸子里隐约有了一丝少女的气息。她自小就住在旭光镇，爸妈在镇上开了一家贸易公司，平时工作忙碌，休息日总是留陈小昭一个人在家。

好多年了，对面的一处宅院总是无人居住，院子里的荒草有一米多高，中间夹着几棵瘦黄的香樟树。陈小昭经常带着自己的猫，爬过破旧的栅栏，到院子里发呆。

时至深秋，街道两旁的枫叶变得火红，对面小院突然搬来一户人家。陈小昭起先没有在意，直到有一天，她发现对门已经被修葺成漂漂亮亮的红瓦小房。女主人正指挥工人搬一块贴着金箔的匾额，一个高高瘦瘦的少年安静地立在她旁边。

女主人满面春光地说："小姑娘，我们是刚搬来的邻居，我姓杨，这是我的儿子苏然。"

"嗯，杨阿姨好，我叫陈小昭。"她饶有兴致地看着那块金光灿灿的匾额。杨阿姨温和地说："这是漆线雕，你要是想学，阿姨以后教你。"

"漆线雕？"陈小昭不明就里。杨阿姨说："雕刻是一门艺术，而漆线雕如同刺绣一样，讲究图

案布局的细密，注重层次的丰富、线条的曲转，通过塑造、雕刻、打磨、调漆、制线、盘结、安金、填彩等工序，在一个雕像或者釉盘上用一根柔韧的漆线，盘结成千变万化的纹饰，这才成为闽南一绝。”

正当她听得出神时，忽然从头顶飘下一句："雕刻的学问可大了，在木雕上盘结纹饰，才是雕刻最终极的艺术。"

苏然见她在看自己，索性垂下脸看她。他凑得那样近，她能看清他睫毛上的光。陈小昭蓦地紧张起来，等回过神来时，苏然母子已经回到自己的小院，留下她和一地夕阳。

03

此后，陈小昭从杨阿姨那儿得知了更多关于苏然的信息，比如他比她大一年级，已经读初三了，他从小就学雕刻，痴迷漆线雕，以后想成为一个纯粹的漆线雕匠人。

那个周末，陈小昭第一次走进苏然的房间，整个人都震惊了，那个房间与其说是睡觉的地方，不如说是个微型的漆线雕展厅，各种栩栩如生的漆线雕，占满了大半个房间。

陈小昭还注意到苏然的卧室里有一本相册，里面都是他从小到大制作的漆线雕作品照片。看来，他真的是爱漆线雕爱到了一种境界了，这样一个人，不像班级里那些只知道玩游戏的男生，陈小昭自然地崇拜起他来，一有空就到院里看他雕刻、捶打漆泥、制漆线。

那个秋天，陈小昭成了苏然的跟屁虫，他去图书馆找资料时，她就帮他查图书编号和书架位置；他在笔记本做标注时，她就拿出自己五颜六色的笔放在他面前。

她忍不住好奇，问他为何如此痴迷于漆线雕。他沉思片刻，只说："初心就像是在深夜冰封的雪地上，一只猫走过时发出的足音，那种愉悦感，会伴随你终生。"她把这句话写在书签上，小心翼翼地夹在语文课本中。

04

周末，陈小昭开始跟杨阿姨学漆线雕，刚进门，就看见苏然坐在院中央，弓着背在搓漆线。杨阿姨拿来一块长方形的木板和一块扁勺形状的搓板，剥下一小块漆线土，放在长方形板上，然后一手握住搓板，一手撒上粉，开始搓线。

杨阿姨对她说："我们搓成的线要从一个方向拉出，渐渐延伸，再把拉好的线缠到木筷上，用来盘结图案。"说完，她把搓板放在陈小昭手中，说你试试看。

陈小昭握着搓板，可搓出来的线总是粗细不一，要不然就是从中间断掉，不能使用。她怏怏地问："杨阿姨，您做漆线是不是有什么诀窍啊，苏然也是您一手教出来的，他做的线就又细又长。"

杨阿姨和蔼地说："制作漆线讲究的是平心静气，线条越细，搓线的难度也越大，所以你不要一下子加很大的压力来使线条变细，只能渐次揉搓，缓缓地制出细线，如一缕游丝，绵绵不绝。”

陈小昭默默点头，杨阿姨又补充道：“等下你带些漆泥回去，以后有空都要练习制线的力度，能坚持吗？”

陈小昭连连点头：“能！”杨阿姨微笑道：“很好，只要我们带着喜欢的事物一路前行，身心肯定会获得愉悦的。”陈小昭心里明白，制成完整的漆线雕作品，正是她喜欢的事情。

05

陈小昭读高一这年，已经能够独立制作一幅完整的漆线雕。正逢文化馆举办艺术节，只要是原创的美术作品都可以参展，如果获得奖项，将有机会在电视上领奖。

午后，陈小昭揣着一个温热的红薯从学校一路狂奔回家。“喂！苏然！”陈小昭气喘如牛地将手里的红薯塞到他手里，掩饰不住内心的雀跃。

“我们一起参展吧，运气好的话可以上电视呢。”答案当然是不行的。

“为什么不行？！难道你不想有成名的机会？”陈小昭觉得机会来了，她不想放弃。

“真正能让我们快乐的，是我们对于快乐的把握，而过度追逐欲望和名利，只会让自己越来越浮躁，这对于手艺人来讲可不是件好事。”苏然静静说道。

陈小昭没想到，杨阿姨也为这事找她：“小昭，听说你要去参展？”

“是的，我的实力应该不比别人差。”陈小昭骄傲地说。

杨阿姨拿起她放在桌上的一件漆线雕，说道：“你有没有想过我们学手艺的初衷是什么？如果你是为了得奖，为了上电视，我可以给你无数机会，之后呢，难道你要抱着那些奖杯和荣誉停滞不前吗？”

陈小昭委屈地皱着鼻子，杨阿姨放下手中那件漆线雕，柔声道：“你叫上苏然，我带你们去一个地方。”

06

那个有着猫须白天空的清晨，陈小昭和苏然跟着杨阿姨到了艺术馆，展厅里陈列着一排排美术精品，阳光像瀑布一样从窗口流泻进来，映在名为“瑞鹤图”的漆线雕牌匾上——富丽堂皇的殿堂顶，18只神态各异的仙鹤翱翔盘旋，另外两只站在殿脊上，回首相望，天空、宫殿周围祥云飘飞，寄托着对美好生活的向往。

苏然挑起话头：“这幅漆线雕的作者从构图到完工，耗时三年。对于手工技艺的传承人来说，在浮躁喧嚣的当下，沉静内心的世界，不汲汲于蝇头微利，在德行与精神的传承中，不忘记当初的自己，才是最重要的。”

陈小昭蓦然明白，艺术是孤独的，没有一个艺术家是为比赛而生的，而创作者关注的应该是作品本身，所谓名利不过是做到极致后的光环。

午休时分，微风以永远不停歇的坚持，吹动院中柔软的芒草，苏然埋头雕刻的背影，在陈小昭的脑海里烙上了一层暗红色的印痕，成了亘古不会再变的画面。

陈小昭忽然觉得，世界上一定会有好多好多跟苏然和杨阿姨一样的人，他们因坚持、不问得失而心生诗意，而她的人生也需要这样一种诗意去迎接困难和挑战。大步走，前路一片光明。

那时候她刚刚失恋，我的课题亦久久未能通过。可是在那一刻，谁也没有想起这些扫兴的事，我们就只是纯粹地快乐着。

我去听他的演唱会

✲ 吴梦莉

大二那年的夏天，我去听许嵩的演唱会，主题是“许嵩和他的朋友们”。

那是我第一次去听现场演唱会。傍晚的体育馆，天空中橘色的晚霞仿佛滚烫的碎屑，烫得人脸颊泛红，掌心出汗。很快，晚霞散去，那股热气却一直留到了夜里，又被舞台上的音乐煮沸，让人忍不住跟着人群跳舞，甚至是落泪。

时至今日，我早已忘记当时听的歌，但是那份近乎歇斯底里的快乐，却永存心底，如那天的晚霞一般，惊艳了每寸黯淡的时光。

后来，我又辗转到其他城市，听过几场演唱会。不论歌手的人气、实力如何，现场总是沸腾的，每个人都被情绪拉扯着向上，向上……最后，产生共振，大家陷入一场群体性的浪漫。

之后，我没有再去看过任何人的演唱会，每天囿于家和公司之间，钝重地谋生。漫画、文案、活动推广词……键盘敲得噼啪作响，大脑却始终一片空白，不知道自己在写什么，不知道自己为什么要写，唯一知晓的，是我必须写下去，如精卫填海一般，用文字将生命的间隙塞满。

我开始思考演唱会的意义：那些歌明明可以在线收听，那些喜爱明明可以通过网线传达，为什么人们依然愿意抛下手头的杂务，自五湖四海奔赴而来呢?

后来，我与大学室友聊天，谈及我们一起去参加的那场许嵩的演唱会。她说起演唱会结束后，我们一起去路边摊吃烧烤，因为囊中羞涩，一人只买了一串烤鱿鱼，还央求老板加了许多的辣椒粉。人声鼎沸的夏夜，我们两个坐在沾满油垢的塑料椅上，一边吃烤鱿鱼串，一边荒腔走板地唱歌……

其实，那时候她刚刚失恋，我的课题亦久久未能通过。可是在那一刻，谁也没有想起这些扫兴的事，我们就只是纯粹地快乐着。

我想，这大抵就是演唱会的意义所在。它让有着各种各样烦忧的人聚到一起，从而让我们的小烦恼在众多的忧愁里显得微不足道；最后，我们一起被音乐拖拽入另外一种生活，而人世间所要经历的那些甘苦则被短暂地击碎、分离。

而生活是需要这场“分离”的。

因为我们生活在一个对物质空前渴望的时代，为了达到世人眼中的“标准”，我们须得一刻不停地努力。欲望没有边际，然而，我们能获得的却极其有限，最后，“鹪鹩巢于深林，不过一枝”。

而演唱会更像是无限与有限之间的一个平衡点。在那里，我们只是碎片。没有人会计较我们的过去，抑或是展望我们的未来，我们只是在彼此最快乐的时刻相逢，然后道别。

这段时间，我每天下班，都会遇见一个歌手。他戴着针织帽，站在人来人往的地铁口，抱着木吉他，弹唱一些旧情歌。愿意驻足听歌的人不多，而他似乎毫无察觉，依然闭着眼睛，唱得深情缱绻，满街的灯火落在他身上，细碎闪耀，仿佛演唱会场里挥舞的荧光棒。

往常，我是匆匆路过的人群中的一员，但是在昨夜，我忽然来了兴致，坐在他对面的花坛上，像从前听演唱会一般，将手机调成静音，听了半小时的歌。半个小时后，我站起身，将零钱与钥匙链上的挂饰一并送给了他，然后转身离开。

口袋里，手机依然振动不停，各种有趣的、无趣的事仍在争分夺秒地冒出。可是我知道，就在刚刚，一场“演唱会”带着我，完成了一场短暂的出逃。

躲在梦与季节的深处

那些时刻，我也委屈过

✽文长长

我们会遇到一些自己不喜欢的人，不必难过，也不必怀疑自己。

允许自己被讨厌，也要允许自己拥有讨厌别人的权利。

亲爱的熊孩子：

你好哇。

你这周过得怎么样呀？

毕竟书信形式，你也没办法马上问我一句“最近怎么样”，我就假装你问了，自问自答，也跟你分享一下我最近的生活。

那我就开门见山，直接说吧。我的生活中有一个不喜欢的前辈，我挺讨厌她的。我知道，我作为一个文字工作者，写的东西也有一些人看，在这种公开场合，直接表达对一个人的讨厌，挺不好的。说不定还会被误以为我很情绪化。我是知道这些的。

但，你我不是外人，加之想着你以后也会遇到你不喜欢的人，或是同事，或是领导，或是前辈。“讨厌一个人”这个话题，你总会面对的。如何应对，你也总要学的。这段经历，跟你讲讲也有必要。或者，你也可以理解为，这是我对你的倾诉。难过时刻，我们总喜欢找个信任的人倾诉一下。

我认识她一年了，挺尊重她的。可是，很多时候，我们会遇到一些人，你尊重她，她并不尊重你。你表现得乖巧、懂事，她只觉得你好拿捏、使唤。这世上的确存在一些这样的人。

我平日认真帮她做一些事，没有任何报酬，也无工资，只是出于对集体的责任去做一些事。倒不是索功，只是每次她有事干时，想到的是我，有一些好机会，从来都是给另一些人。

她嘴上说，自己很公平，但真有一些机会，她会预先留一个名额给她喜欢的那个人。而后在所有公开场合说，剩下两个名额，公平竞争。她做的这些我都知道，五年前的我会说她偏心。但，五年后，我长大了，我接受人都会偏爱一些人这个事实，我很识趣，每每遇到不被偏爱的时刻，只安慰自己：谁让自己没本事成为那个被偏爱的人呢！我不跟旁人比谁更能得到偏爱，比不赢，那就提升自己的实力，用实力说话，去公平竞争。我理解她对一部分人的偏心。所以，在她说公平竞争后，我没有生气，也没觉得她偏心，只很客气地把所需材料发给她，她跟我说一句："你把材料发给我，我也不会推荐你，也不推荐你们班学生，我要把机会留给更需要的毕业班的学生。"这句话，我也能理解。只是，我不懂的是，为何，她说着不给我们班任何同学机会，但在最后公布的名单上，有我们班一个男生的名字。

亲爱的小孩，你能懂这种感受吗？这样的时刻，我真的挺委屈的。作为班级核心负责人，我不求偏爱，我为她，为这个职位做了很多事，但最后连跟我们班同学一起公平竞争的机会都没有。但，我也不是脾气好到任人拿捏的那种人，看到名单后，我马上问她一句："您口口声声说不给我们班同学推荐，结果名单上有我们班同学，您是觉得我太优秀了，不需要这个机会对吗？"

她把责任推到我身上，说我没给她材料，我直接把聊天记录截图发给她。她继续解释，核心意思是"原因不在她"。我没回复这些消息。过了差不多半个月，她跟我道歉，说这件事她疏忽了。我也只回一句，没关系，事情都过去了。我不想再跟她谈论这件事了。

朋友说我太刚了。但，我一直也并非那种脾气好到逆来顺受的人啊。我一直以来的原则是，你尊重我，我尊重你。你对我不好，我也不会上赶子希望被你喜欢，也能干脆撒手，从此在心里把你这个人除名。

现在，再说起这些，内心已很平静。但，真诚地说，在这件事发生后的那个月，我也难过过。

那段时间，我刚开始给你写信。我在信里跟你说，我开始每日六点起床，坚持运动，坚持写作，想做点真正对自己好且滋养自己的事，想要重新拥有掌控自己的力量。其实，决心继续开始早起、运动的很大一个契机就是这件事。

这件事发生后的第一周，我每夜失眠。我挺难受的，做了那么多，为什么最后连最基本的公平都不给我？也挺委屈的，凭什么要被她这么忽略，我又不图她的什么，凭什么要受这份气。我也挺怀疑自己的，我一直觉得自己是那种很机灵且很有情商的人，她对我做的这一系列事，让我一度怀疑难道我倒退了吗，我在别人眼中是那种很蠢、很容易被人糊弄、逆来顺受的"老实人"吗，难道我对自己的认知一直错了吗。

我不知如何面对这些问题，干脆选择运动。每次运动时，想到这些事，就很委屈，很难过，也挺生气的。好在，因为运动时刻每每想到"她怎么能这么对我"就很生气，就在心里愤愤想着我不能输，我不能让她看到我这么好欺负，我要变得再好一点再优秀一点，所以每次总能成功地将这份生气转化为运动的动力，每个动作都做得可标准了也不觉得累。我总觉着，我不能白生气，我不能白被小瞧，我得做点什么，我得替自己争口气。

我选择离开她，我要离开消耗我且不懂得尊重我的人。我争取别的机会，靠自己。

我也争取到了。她知道后很生气，她说她挺欣赏我的能力的，她想让我继续在她身边帮她干活。我拒绝了。她问我，你是不是对我的管理有意见啊，要不然怎么去别的地方，不留在这里。我只一句，没有，您别多想，刚好有个机会，那便去了。

年少时，遇到讨厌的人，喜欢与之争辩，想在言语上占上风，想证明自己做的是对的，别人才是有问题的那一方。但，长大后，不愿意争论，也不愿再解释了。不是怕，只是觉得我解释，对方不认同，反驳，我不认同她说的，再争辩，她再解释，这种过程太累了。再遇到讨厌的人，内心深处厌恶，厌恶到不愿与之纠缠，不愿多跟她说一句。

原来，讨厌的极致，不是恨，不是谩骂，而是打心里厌恶，压根不想再与这个人有任何牵扯，只想尽快离开。长大后再讨厌一个人，不会表面闹得很不愉快，而是保持表面的体面，逐渐远离。

亲爱的小孩，我之前就想在书信中跟你讲讲这件事，但总觉那会儿我正处于情绪中，写出来的东西可能也极其情绪化。等到如今，慢慢释然，才再跟你讲这件事。

经历过一些事后，才慢慢发现时间是最好的解药。在这件事上，也如此。

也就短短三个月，再回头，我发觉她当时抛出的那个机会，也并非好到一定要拥有的机会。也不过如此。我开始更加明白“靠自己”这句话，旁人不一定会帮我们，但若我们真有能力，若我们真的很好，靠自己，我们也能自我实现。

我发现，我也没必要因为她做的一些事难过，她只是我漫长人生路上，需要短暂相处的一个人，可能暂时没必要完全跟她撇清关系，但也最多只会相处几年。几年之后，她也只是一个我们偶尔会提提名字，甚至压根不会再提她名字的存在。只要我们内心不愿意，她，或是任何人，都没办法决定或影响我们的人生。没必要让一个未来的路人过分影响心情。

更重要的是，我发现，为这件事，为这个人难过，太消耗情绪，不值当。我们人生那么美好，为什么要因为一个人，一件事，就去抱怨，就去挂上苦脸。她已经做了一些让我心灰意冷的事，对我也不好，为何我还要为这么一个人而沮丧？不值得。

于是，最终也能自洽，我不想活成祥林嫂，不想抱怨任何人，不想把“不公平”挂在嘴边，显得自己很苦。我选择继续拥抱美好，积极生活，认真工作，用心写作。我选择将自己人生的某些残渣清出去，努力过好自己的人生。

我也不再怀疑自己是不是不够好了。我相信人无完人，我肯定不是处处完美。我依旧保持乐观与热情，去对待每个人，只是我也比以前更擅长“及时止损”。遇到不好的人，干脆停止付出，及时离开。亲爱的小孩，这也是我想说的，我们没办法预知会遇到什么人，我们只能尽量保持真诚之心，去对待每个人，但一旦发现对方非善类，赶紧离开。或自我提升，让自己去更好的一个平台；或忍一段日子，但总要想办法离开。

我们会遇到一些自己不喜欢的人，不必难过，也不必怀疑自己。

允许自己被讨厌，也要允许自己拥有讨厌别人的权利。

每天热爱生活的老娘

××

我大学时期的生活费，是靠写出来的

✽偌清

有时候只要路子走得对，走得野，人生突然就变成大女主的剧本了，挖掘自己潜在的能力非常关键。

敲下这行字的时候，我正在一家温泉酒店吃早点，准备吃罢投入工作。外面雾蒙蒙的，重庆秋季多雨水，一碗小面加煎蛋，再热上一杯燕麦牛奶，就是最舒服的搭配。如果换作四年前，小镇出生的我，是怎么也想不到，也舍不得来这儿吃的。

依旧能想起，高考出分填报志愿那天，各大院校的小帐篷在学校广场围成了一个圈。我的好朋友G，她属于聪明加勤奋的学生，曾经跟我们承诺诸如考不上就剃光头之类的话，最后果然以全省前二十的成绩如愿以偿，令人佩服。

填报志愿那周，G做了一次我的参谋，我有些羞愧，不好意思向高校老师们咨询录取排名，成绩呢，又处于一个尴尬的位置——高不成，低不就。当G轻松坐在每一个“985”院校帐篷底下，替我说出排名时，对面老师都是连连摇头，我站在十米开外，耳朵异常灵敏，心里不是滋味。高中三年，我属于不进不退游摆中间的学生，有野心但动力不足，懒惰成性，勉强读了一个还算过得去的老牌师范院校。

上大学前，我的人生没有任何“指挥官”，父母都是老实善良的打工人，一辈子勤勤恳恳，没见过什么世面。在大多数时候，我只能依照自己的直觉行事，高考志愿专业都是瞎填的，像抽盲盒一样，也绕了许多弯路，全都是我该走的路。上大学后，我更感受到了人与人之间与生俱来的差距，确实有人生在罗马，他们跟我一样，考进了同样的学校和专业，却比我拥有更足的底气和更多的机会。大城市的孩子更注重素质教育，他们家境殷实，从小就读过很多书，培养了许多爱好，开朗阳光、自信上进，每一天都充满新的期待。曾在家乡也算是班上“尖子生”的我，经常听见大学同学打趣自己高考失误，全班排名差不多垫底才来到这里读书。我不能说自己失误，我所做的努力，身处的环境，就只能配得上现有的一切。

母亲经常跟我说，不要去跟人比较，会让自己不幸福。事实是，有些“比较”它是自动贴近的，赤裸裸的，由不得你选择。初中的时候，我曾在办公室帮老师检查班级假期作业，有个男同学突然闯到我面前，说手机借他一下，我傻乎乎地递过去了，他摁了我手机的重启键，屏幕上亮着国产组装机的汉字 logo。

“什么垃圾手机哦。”男同学当着众人的面对我冷嘲热讽，“该换手机啦，这个怎么用？”

我当时并不觉得尴尬，把手机揣进兜里，只觉得他讨厌，闲得没事干，绝对不会因为自己用杂牌手机而感到丢脸。那是我爸用工资给我买的通勤手机，不偷不抢，能打电话，能看视频，我根本不需要名牌来彰显身份。这也不是他第一次当众“羞辱”我，在某次大课间的时候，他就曾逼问我一位女同学脚上穿的鞋的牌子名称，我答不出来，他不屑地叹了口气，我也没当回事。现在想想，原来，我从小就有一颗足够强大的内心，把自己武装得很好，可以支撑我走过一段又一段路。

初高中大家能够在校服和校历的安排下统一调度，再大一点，我最害怕的就是节假日，大学同学在朋友圈晒去国内外游玩的照片时，我吃顿火锅都需要盘算再三。说实在的，家里条件并没有差到下不了馆子的地步，只是我很难再去向父母开口要钱，节假日发的红包我分文不收，他们微薄的工资能供我读大学，已经足够了。

我是刻在骨子里要强的那类人，也不是不喜欢游玩，人在窘迫的境遇下，会考虑什么东西对自己更有用处，舍不得乱花父母血汗钱。所以，放小长假的时候，我偷偷溜到教学楼，背背单词也好，读读书也好，尽量逃掉一些不必要的饭局。室友有时问起来，我就说是去跟社团朋友逛街去了，很早就出门，很晚才回去。

穷则思变，我也做过一些兼职，像是发传单、当家教，遇上刻薄的老板，总会想方设法扣掉我用时间换来的零钱，我不敢吭声，因为我真的不知道谁会站出来帮我，眼前只有两条路，要么做，要么走。印象比较深刻的是有次放寒假，天气很冷，风刮在人脸上跟刀割一样，我穿着棉服，背着书包，站在家乡某重点初中门口发辅导机构的传单，就为了一小时挣那 50 块钱。我在这家机构当兼职英语老师，书包里厚厚一摞都是需要发出去的招生单子。从下午两点到五点，只发出去了一半，老板不时语音问候我的行踪，生怕人跑了。等到五点半左右，中学打了放学铃，有三个初中男生结伴从我面前走过。

“同学，你们好，可以看看这个。”我的手被冻得通红，递出三张单子，还老喜欢给人鞠躬。

站在三人中间，背着灰色书包的男孩

突然转身朝向我问："姐姐，你包里还有多少？"

"啊？什么？你说传单吗？"

"是的。"他眼神坚定地抬头望着我，大概一米五几的身高。

我没想太多，把书包卸下，看见里面还有半摞单子没发出去。

"那你都给我吧！"男孩直接伸手把我包里的传单都拿了去，转头就装进自己的书包里，而后紧紧扣上拉链，"姐姐，早点去吃饭吧，你明天还来的话，我还来装……"

那个冬天的下午使我久久不能忘怀，我相信这个世界上善良的人多，但自己要有一点价值，能够给别人带去帮助、带去快乐。有一天，我躺在床上思考，如果我现在用学习的时间去做零工，只为了能够在大学期间吃好喝好，是不是有些亏了？

我看到G去参加各种义工活动，跟着各个学院小队进行调研考察，在学术道路上，她只会越来越厉害。如果我去干低端的体力活儿，那我的能力就只能停滞在此刻了，命运就在思考的片刻发生转变……

大二那年，我尝试发挥自己的爱好——写作，这是个成本最低又能锻炼我思维的项目。高中时，我就有点"不务正业"，双休日经常花上大半天时间写小说，古风言情的、现代都市的，应有尽有。想通后，我发了疯似的，给各个传媒公司、影视公司投简历，一开始也不全为挣钱，盼望着能多点机会锻炼自己、增长见识，能挣到钱也算额外之喜。我每天的日子无非就是坐在图书馆，读各种文学影视书籍，自学编剧导演课程，看了大量优质电影，还学习了小语种，无比充实。

记得，我的第一次合作写稿是帮游戏公司设计一段简要情景对话。为了更好地满足客户要求，从不打游戏的我，自觉开了一个魔兽类账号，当了一次玩家切身体验了一把，写出来的稿子让对方非常满意，当即结算给了三百元。尽管这笔钱在大多数人眼里不算多，对那时的我而言，足以当一个星期的饭钱了，这也是对我本人文案功底的直接鼓励。

写作这件事需要一点天分和缘分，我发现，只要被我研究过的领域，我多少都能写出符合甲方要求的内容来。我的专业是新闻学，本就是一个"杂食性"学科，对各种业务的包容程度都很高，写稿能力也是一样。大学期间，我写过的稿件不计其数，类型也是多种多样，从最基本的公众号推文、新闻简讯，再到后续的小说故事、舞台剧脚本、动画情景设计、脱口秀文章，都能拿下，有几个播音朋友用了我的文案，杀进了区域脱口秀决赛。

曾经有位国企客户为了感谢我，特地给我点了杯奶茶，还抛出了去北京线下工作的橄榄枝，我心里万分感动，但也因为我通过写作在间接提高学业，意外让自己获得了保研的资格，暂时拒绝了工作的offer。

这听起来很传奇，有时候只要路子走得对，走得野，人生突然就变成大女主的剧本了，挖掘自己潜在的能力非常关键。后来，我甚至带了一拨文学院的学生跟我做事，但有时理工科的同学写出的东西，能更符合对方的要求，商业合作就是讲点缘分、天赋，学文学的不一定能写文学。

我还不满足，像一只贪婪的饿狼，开

始打起轻创业的念头，打算回收二手奢侈品，做一些小买卖，也开了几张单。在这飞速成长的过程中，我遇到了自己的贵人，他告诉我说："人只要精耕于一个领域，做到最专业、最优质，财富就会自然到来，灵活变通也非常重要。"所以，我决意把大部分精力放在写作上面，不断强化自己的技能，积攒了不少人脉。

有段时间，我从睁眼开始就在写，手没从键盘上离开过，一直写到夜深人静都尚未结束，写上头了就睡不着觉，过上了晚上睡不着吃褪黑素，白天醒不来喝黑咖啡的日子。

我还有一些客户在国外，经常需要凌晨沟通工作，那段时间心脏不太好，整个人薄了一圈，也大病了一场。刚好碰上疫情，大家都被关在寝室里上网课，我每天的写作日程都排得满满的，虽然累但也开心，很实在地说，我从来没挣过这么多钱，这是第一次感受到了最基础的物质底气。

我很清楚所做的一切努力，都是想给家人换来后半辈子的幸福，我要撑起这个小家，让父母过上好日子。又逢一个寒假，那个曾经在街上发传单的我直接带着家人出去旅游了，我妈很瘦小一只，被我拉着在长沙街头晃悠，她的眼里都是幸福。母亲都是心疼孩子的，我妈有时也会问我，在大学有没有遇到心仪的男生，也不要太辛苦了，身体要紧。

我知道身边一些同龄大学女生，找男友的要求是已有稳定工作，能支付约会和日常开销，她们觉得青春无价，多数准备在合适的时间结婚生子。而我，可能太缺乏安全感、太过自卑，希望财富和幸福都掌握在自己的手上，我在能够独自扎根在大城市前，是绝对没有底气去跟别人谈婚论嫁的，结婚对我来说不太重要，而怎样保护我的家人，让他们后半辈子不受别人欺负，活得幸福安稳，才是最为紧要的事。

如今跟朋友出门逛街，只要看到想吃的餐馆，我都能大方地坐下，看到想要的衣服鞋子，都敢直接进店里试穿，不用为基本三餐生计盘算，这是我努力得来的小幸福，大学实现经济独立的人太多了，我其实也不算什么。好笑的是，我特地给自己换了最新的苹果手机，或许是想为曾经弱小的我出口气，山寨手机当然也留下，成为备用机，它作为床头闹钟提醒我"不忘初心"。

物质跟上了，精神也得充盈起来，我还给自己办了健身年卡、美容卡、护发卡、舞蹈卡，常常去听话剧、音乐剧，逛各种艺术展，用力投资补偿自己，慢慢成为大家眼里的"精致 girl"。现在对我不了解的同学，都以为我是家境殷实的女孩，我无意中成为他们朋友圈里晒日常生活照的一员。

人无论身处何地，都不能忘记自己来自何方，在尝过天南海北各色美食后，我还是最馋家门口那碗十块钱的羊肉粉，要放够两匙青椒，再加点酸莲花白，那才够味儿。夏去秋来，又是一个新学年，我已经成为研究生，大学门口发传单的人越来越多，我从来都是只接不拒，手里总厚厚一叠。我心里知道，他们每个人都可能是从前的我，是今天的我。

夏天理发厅

骆瑞生

其实读书很好的，剪头发终归不是一个长久的事。他说得很伤感，就像当时包裹着我们的斜阳那般黏稠与失意。

那年夏天，我正在读大二，那时候父母尚在厦门上班，所以每年寒暑假都要去他们那里。厦门的夏季炎热而漫长，实在是不适合度夏的，但我那时年纪尚小，没钱且很多事情都做不了主，每年暑假都只能去厦门苦熬。在厦门的日子，一般都是待在屋里，哪里也不想去的，毕竟出去一次实在是太热了。唯有在黄昏，天气稍凉的时候，会去海边坐一坐，吹吹风。

那年的暑假，我终于厌倦了总待在屋里的生活，于是想出去找个工作做，可是毫无工作经验的我能做什么呢，在学校的时候只有一次在超市兼职一星期的经历，在厦门就更是没有办法了。某次在街上看到有人招临时工，于是瞒着父母匆匆报了名，但并不是当场录用的，而是给了我一个地址，让我第二天一早去那里等。于是第二天我便早早地去了，去了之后才发现是招做工地的，而去的人中，各种各样的人都有，其中有不少像我这样的学生，都是莫名其妙地就去了的。我们这种学生自然是要被看不上的，要力气无力气，要吃苦不能吃苦，所以挑来挑去都把学生模样的人剩了下来。

我是害怕被挑上的，因为是要去泉州修一个体育场，且当天就要出发，我自知做不了这个，但又不好意思离开，只能在那里苦等，所幸终于没把我挑上，我虽有些失落，却更多的是庆幸，于是一路颇为轻松地回去了。回去后才将这个事情告诉父母，父母还笑我说，去了以后走不见了怎么办？

这次的经历，让我不相信那些招工的了，于是在家沉寂了好长一段时间。每日看着阳光从窗户上爬上来，又爬下去，看着窗外的龙眼树，一片绿荫从银白闪亮复归于墨黑，于是一天天的时日就过去了。我终于再次待不住，重新去找工作了。

那时的我有个很叛逆的想法，我并不想继续读书了，我想去当理发师，不知道是何种原因，大一大二时的我，想当理发师的愿望很强烈，大概是觉得当理发师很轻松吧，且总能给自己做各种发型。大一的时候我和另一个室友是很热衷于做头发的。所以这次找工作的目标就放在了理发店上。

我出去在街上转了一圈。众所周知，理发店常年都是在招人的，于是我颇不费力气地在一家看上去还算气派的理发店找到了工作。和别的只有一家门面的理发店不一样，这家理发店独占了三层楼，一楼剪发，二楼洗发，三楼干些什么我就不知道了。

去这家理发店面试的过程有些梦幻，记得当时我是昏头昏脑地进去的，不知是怎么表达清楚了我的想法，接待我的是一个广西人，他大概是其中的一个理发师，他后来和我的关系较好，但时间太长，我已忘记他的名字了。他叫来他的经理，一个胖胖的男人，大概三十岁的年纪吧。他听完我说的话后，很痛快地答应我了，但随即很委婉地告诉我说，因为我是在这里学习，所以是没有工资的。我那时只想找个工作来消磨漫漫夏日，哪里管有没有钱呢，于是也很痛快地说，我只是来学习，所以有无工资无所谓。经理有些动情，对我说，那我们一定好好教你，这个暑假过后，起码可以剪头发了。

我就这样在这家理发店待了下来，我那时还颇为拘谨，坐在一边的椅子上听他们说话。理发店的生意差得不成样子，好几个小时一个人都没有。所有的人都坐在那里抽烟聊天，徒然让日光的踪影不断溜走。我都不禁为他们感到着急，这样一天下来，能挣多少钱呢？除开店面费和人员的工资，恐怕还会倒贴钱吧。

或许是看我坐得无聊，那个广西的理发师主动找我谈话了，我兴许是第一个来这里当学徒的大学生，所以他对我还颇为好奇，一直追问我为什么想要当理发师。我那时刚看完凯鲁亚克的《在路上》，对大学生活嗤之以鼻，总想着出去闯荡，正好那时我又想当理发师，所以很自然地就来了。但我不想对他解释这么多，而且这么解释挺让人难为情的，给人太造作的感觉。于是我只能说了许多不想学习、想当理发师的话。所幸他没有追问下去，反而安慰我说，现在大学生太多了，很多毕业就找不到工作，也没什么好的，当理发师也不错。我深以为然，就逐渐和他攀谈起来。

在谈话的过程中得知他是广西乡下的人，初中毕业就来厦门了，当了好几年的学徒，才终于当上了理发师。他还对我说他小学和初中的成绩都很好，继续读下去的话是能考上大学的，只是家里太困难，初中毕业就自己出来讨生活了。他说起他的旧事时很感慨，我也不知道如何安慰他，只能局促地回应着。他兴许也发现了气氛的沉重，于是给我讲了许多剪发的内容，并把剪发的工具一一拿给我看，给我介绍每个工具的作用。我记得很清楚的是，他给我说你以后去剪发一定不要用牙剪，因为那样会把头发剪碎，就不好看了。那时我正想留一头飘逸的头发，却总也留不下来，想必都是理发师给我用牙剪的缘故吧。此后好几年我剪发都要特意给理发师叮嘱一下不要用牙剪。

直到下午的时候才来了两个顾客，一个女人来做头发，一个小孩子来剪头发。那个广西的理发师将我叫上了二楼，说是让我给小孩洗个头，他做了一个示范后，我便匆匆上手了。本以为是很简单的事情，做起来却不那么得心应手。他在一旁很耐心地给我说，第一次做都这样，还给我讲了他第一次帮客人洗头发时把水都灌进客人耳朵的趣事。我顿时轻松了不少。

洗头发是个很讲究技巧的事情，虽然一直有在理发店洗头发，但是作为顾客和工作人员是全然不同的。顾客是仰面的，所以要很小心地阻截水流，不能让水流进顾客的耳朵和眼睛里。作为新手的我，最终还是没能阻止混有洗发液的水流进小孩的眼睛里。小孩一下子就哇哇大叫起来，我顿时就手足无措了。他赶紧拿清水给小孩冲眼睛，好一会儿才弄好。但小孩还是止不住地哭，声音有越来越大的趋势。我是害怕他的哭声引来楼下他家大人的注意，于是和他一个劲儿地哄小孩，这个胖乎乎的男孩终于被我们半哄半骗地哄好，也所幸是在二楼，无人发现。

这两个顾客走之后，便真是再也没有生意了。经过刚才的那次小事故,我已明白，我并不适合干这份工作，甚至说我并不是很喜欢这份工作，我并不是很想当理发师。想象中的理发师很有吸引力，现实中的理发师则不然。明白这个事实的我开始垂头丧气起来，在椅子上如坐针毡，只想快些离开。可是我一向是脸皮薄的人，离开的话是怎么也说不出口的。

终于到了黄昏，一切都将结束了。我在思谋着怎么离开的时候，经理买了一个西瓜进来，已经切开了，放在桌子上，吩咐我们吃。我这时终于得到机会，于是站起来对经理说，如果没事的话，我想先走了。经理说，可以的，辛苦你了。我连连摇头，接连拒绝他们叫我吃西瓜的邀请，就逃也似的从理发店出来。走到街上的时候，才感觉压在心里的石头卸掉了。

可是这时，那个广西的理发师追了出来，他和我并肩走了一段路。他问我，你明天是不来了吧？我很诧异，这个念头只是在我心中反复地翻滚而已，并未说出来，我刚才想对经理说我不来的话，但却如何都没有说出来，想着只能这么“无赖”一回，来个不告而别了，想不到竟然被他看了出来。

我只好诚实地点了点头，他沉默了一会儿，对我说，你来时我就知道你不会真当理发师的。我觉得对他很抱歉，觉得辜负了他，但说不出抱歉的话。他继续说，其实读书很好的，剪头发终归不是一个长久的事。他说得很伤感，就像当时包裹着我们的斜阳那般黏稠与失意。

最终在和他告别的时候，他说，留个你的联系方式吧，我就将我的QQ给了他。于是我们就道别，我径直回家去了。剩下的日子里，我都是绕着那条街道走的，害怕见到了会尴尬。第二年暑假再来时，那个三层的小楼还在，但理发店已经搬走了，想来生意真的是不行吧。于是我就再也没有见过他们，犹如在茫茫人海中打了一个照面儿就永远各走各的路，再也不复相逢了。

似乎过了一两年后，我突然收到一个人的QQ消息，聊了一会儿后我才想起他是广西那个理发师。他和我说了许多话，多是不如意的，这些年他似乎过得不是很好，处处碰壁，已经从厦门离开，回到故乡去了。我找不到安慰他的话，而我们短短的一天交集，也未能让我们找到更多的共同话题，于是聊天就这么草草结束，此后就再也没有聊过了，至今我也不知道他到底过得如何。由于没有备注他的名字，我已不知道他的QQ具体是哪个，抑或是我们早就解除好友关系了。总之，我们是再也没有相见的可能和动力了。

在我找不到工作的那段时间里

✻王宇昆

我大概能意识到，自己的失败是因为“不够优秀”。但这个反省结果不应该消磨我的热情与希望，因为我知道这只是漫长人生中的须臾。

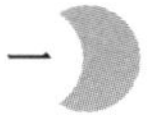

2019年，我在爱尔兰读完研究生，为了赶上国内的校招，我连毕业典礼都放弃参加，直接回国找工作。毕业季那段日子，我向几十家公司投了简历，最长的一次线下面试时间持续了快一天半，最短的一次是15分钟。对，你没听错，从开始到结束只用了15分钟。

找工作的第一个月，一个面试都没有。第二个月时，我都记不得自己到底打印了多少份简历，中文的、英文的，投出去的每一刻，都好似在哀求:“留下我吧，留下我吧，我真的很需要这份工作。”有的HRD（人力资源主管）收到简历后,会上下打量我一眼，然后按部就班地问类似在哪里读书、学什么专业的问题。有的HR会把简历压在所有文件的最下面，甚至都不会看一眼。但无论用哪种方式对待我的简历，我最害怕的，是在面试结束时，面试官露出遗憾的表情，一边安慰我“可能不是很合适，但是你很优秀”，一边把简历退还给我。那一刻，一切努力又重新回到原点。看着那被揉搓得布满褶皱的简历，如同心田里飞出一大片乌鸦，它们扑扇着翅膀带走所有希望，留下一片阴影。

那次时长仅仅持续了一刻钟的面试，以面试官将简历返还给我而告终。炎炎夏日，在拿着简历返回住处的路上，我才意识到自己的愚昧和天真：一个学市场营销、工作经验几乎为零的人，去投一个至少要求三年工作经验的外贸物流运营岗位，不被赶出来已经很幸运了。

除了知道自己想要什么，更要知道自

己适合什么。这是我在打印店里数着一张张简历复印件时悟到的人生道理。在激烈的就业竞争环境中，你不仅要知道什么样的岗位、什么样的公司适合你，还得反思自己的水平配不配得上你想要的东西。

二

终于，在自信心无数次被碾压之后的某一天，我收到了一家互联网公司的面试邀请。

这是近两年火起来的一家电商平台，给应届生开出很高的工资和不错的职级。即便是拥有“11/11/6”（每天早 11 点到晚 11 点，每周工作 6 天）的工作时长，仍旧吸引了一大批国内顶尖学校的毕业生前往面试“战场”。我至今记得在楼下排队准备坐电梯上去面试时的场面，几百号人的队伍排出了写字楼。

最搞笑的是，那天面试完打车的时候，一个路过的阿姨问我：“这是哪个楼盘啊？第一次见到这么火的开盘现场。”

面试流程冗长，一轮、两轮、三轮、四轮，几百号人像被分配到不同的流水线，等待车间工人完成某一道工序，再进入下一环节。啊，这个合格了，可以通往下一关；那个不合格，必须立即淘汰。半天下来，几百人瞬间被筛选得只剩几十号人。

等了三四个小时，始终也没听到喊我的名字。我一方面很担心自己是不是已经被淘汰了，一方面又有种想要逃离的欲望，内心一直回荡着一个声音：我不属于这里，不属于这里……其间，听到同样还在等待的人激烈讨论着刚刚结束的面试环节或者已经拿到的 offer（录用函），免不了自我审视一番——彼时，我一封工作录取信都没有收到。虽然后来也并不觉得这是件大事，但对于那时正在迷茫中艰难行走的我而言，这就是排名第一的人生大事。

等到第五个小时，工作人员喊了我的名字，已经饥肠辘辘的我走进面试房间。面试官打量了一下我的外表，迅速看了一眼我的简历后，开始向我提问。但这一轮的结果来得干脆利落，连续几个问题我都回答得不理想，我肯定要被淘汰了。果不其然，结束后没多久，工作人员就大声吆喝，让在这一环节落选的同学尽快离开。我们一群人就各自收拾背包，挤同一趟电梯离开这栋写字楼。在最后一个环节被淘汰，大家多少还是有些失落的。

如果硬要总结教训的话，我大概能意识到，自己的失败是因为“不够优秀”。但这个反省结果不应该消磨我的热情与希望，因为我知道这只是漫长人生中的须臾。

在这样充满矛盾和犹豫的夏日里做出清爽冷静的决策太难了，于是每一次尝试都充满意义。无论是在写字楼走廊里漫长的等待，还是三个小时行程换来的 15 分钟面试，每一步都投射出竞争的残酷，折射出城市的理性，反映了成长的沉重。但归根结底，我是在为扎根这片土地而积蓄力量。

当然，我相信每一个有过类似经历的人，还是会在某一天开启自己作为“职场新人”的第一天。就像后来终于收到心仪公司 offer 的我，再回忆起这段经历的时候，愈发相信这不过是我职业生涯的一堂启蒙课。所以，别因为简历石沉大海就放弃希望，走在这浩浩荡荡的就业大军里，只要努力寻觅，总会抓住触底反弹的机遇。

故事里讲的，是我们歧路纵横的人生

✽徐若风

《灌篮高手》的底色，除了励志，还包括我们该如何与人生的遗憾、创伤达成和解，如何在关键时刻做出选择。

首映礼现场，和四千人一起看《灌篮高手》，心里五味杂陈。这么多年了，他们终于走到了全国大赛。

我为井上雄彦的电影技法、呈现的视听效果而震撼，听着全场排山倒海的欢呼声跟着激动，想到自己的青春记忆热泪盈眶，同时又对宫城这条故事线，感到心疼。

这份心疼源于，想起了少时看《灌篮高手》的天真热血。我们爱《灌篮高手》，就是因为年少时心底总会有一股为梦想冲动的劲儿。如今长大了，在现实中撞过几次“头破血流”，再看这部电影版，才逐渐理解《灌篮高手》真正要讲的是什么。

在歧路纵横的现实面前，普通人的梦想，没有光环，只有真心热爱。《灌篮高手》的底色，除了励志，还包括我们该如何与人生的遗憾、创伤达成和解，如何在关键时刻做出选择。

宫城良田的治愈创伤

记得小时候大家聚在一起讨论《灌篮高手》，几乎没人会提到宫城良田。在大多数人眼中，宫城是“湘北五虎”里最弱的存在。不到 1 米 7 的小个头，靠多年苦练，才取得不错的球技，成为强势后卫。

宫城背后的故事，在 TV 版里没有详细呈现。电影版一方面是补足，另一方面是给我们一个更真实、更贴合普通人的视角。当他的故事逐渐展开时，我们才发现：这是《灌篮高手》所有故事里，最令人心疼的一个。

宫城幼年丧父，他的哥哥宗太，一个天才的篮球少年，成了家里的顶梁柱，同时也是宫城与母亲的精神支柱。但一次海难，让宫城又失去了亲人。自此八年的时间里，他都活在哥哥的阴影下，承受内心创伤带来的痛苦。宫城自我边缘化、不合群、在意他人的期待与目光，都是因为他无法填补亲人离世的丧失感，能支撑他活下去的，只有与哥哥最后的联系——篮球。

宫城总说自己的心会怦怦跳，要在紧张时装镇定，这是因为他很怕搞砸球场上的事。但他也知道，篮球是自己绝不可能放弃的东西，那是他所热爱的、能治愈自己的东西。打篮球，让他阴郁的人生，逐渐迎来光亮，也让他找到了积极活着的动力。

赛前，他说出“那本该是哥哥的战场，现在将由我站在那里”这句台词时，我也感到莫大的鼓舞。每个观众应该都会在那一刻，理解宫城一路走来的心路历程。生活就是如此，有挽回不了的遗憾，但还是要带着心里那点信念，继续往前走、往上走，拼搏地走下去。

所以我们看到，全国大赛的赛场上，湘北与山王工业展开激烈对决的同时，宫城灰暗的人生过往也在展开着。每个赛点，都结合进了他的情感转变，也是以他的视角，来呈现湘北另外四位球员的人生故事。

这是TV版从没讲过的故事，也是TV版从未抵达的深度与厚度。

樱木花道的“门外汉”

记得有句话流传很广：“顺境看赤木，逆境看流川，绝境看三井，期待奇迹看樱木。”

樱木花道，这个常常自诩天才、学了几个月篮球就叱咤球场的“门外汉”，一直是最受欢迎的角色之一。小时候看《灌篮高手》，总是惊讶于他的学习力。作为一个初学者，他在赛场上引发了太多的奇迹，且总是隔几天就能收获一些新技能。

超强的弹跳力、不可思议的速度、高强度防守的耐力、掌控篮板以及扭转战局的气势，都是他靠身体天赋与性格魅力，才能达成的奇迹。此外还有一点，是这次看电影版《灌篮高手》我才看出来的，那就是他极具意志力的忍耐。

在翻滚抢球以至于背部受伤后，即使面对着有可能健康受损、缩短打球生涯的风险，樱木还是毅然选择上场，带领湘北队在最后几分钟取得胜利。这种忍耐的意志力，很大程度上源于他是个“门外汉”。就算遍体鳞伤，他也不会对个人前景做出衡量，坚持不留退路，把自己抛出来。

“我最光辉的时刻，就是现在。”对他来说，不存在取舍，打篮球就是他获得生活热情的途径。表面上看，他不是个肯忍的人，受点小委屈也要宣之于口，总是和流川枫闹矛盾。但实际上，他对求胜的意志可以压倒一切，并把忍耐的阈值调到无限高。

那一刻我才理解，井上雄彦想讲的是，樱木虽是天才，却不是传统世俗意义上的天才。在天赋极高的身体条件下，他如“门外汉”一样，没被规则束缚，没被自己的前途框定。他活在当下，活在每时每刻，不按既定的系统行事，也不给自己留一点余地，因此短短几个月造就了奇迹。

而最后时刻，他也终于肯全身心地信任樱木，选择了传球，将个人的胜利隐在集体的胜利之下。

最后两人的击掌，引发了全场的欢呼。两个截然不同的天才，达成了球场的和解。那一刻，他们都确信对方能带领自己上一个台阶。我特别欣赏流川和樱木的关系，他们总是看彼此不顺眼，但其实心里早已认可对方。这种关系比现实中的一些朋友关系要来得更为纯粹。

流川枫的纯粹与改变

有人说流川枫是《灌篮高手》里“最纯粹的人”。长相帅气，家境优渥，独来独往。一路在别人的崇拜中长大，所以不用关心别人的看法。生活里就两个字：篮球。打法上也是如此，最强单打，打球独、喜欢单干、不传球。

流川枫这样的人，在现实里很难找到。井上雄彦创造流川枫，创造的是一个近乎完美、没有任何杂质的篮球少年。他与樱木，形成了两个极端。

电影版里，流川在球场上的表现是绝对的亮点所在。面对强敌时，他没有任何自我怀疑，而是用一次次的进攻去尝试破局。然而问题是，泽北和他同属一种类型，甚至比他还强一个段位，导致了他被压制。

流川一贯单打独斗不传球的方式，在以往能助他拿分，此时却成了失误的原因。

三井寿的失而复得

TV版里，三井寿那句“教练，我想打篮球”，用最朴素的表达，引发了最强烈的共鸣。如果要给《灌篮高手》列个金句榜，这句话肯定能摘得榜一。

从宫城的视角出发，电影版又一次回顾了三井是如何从篮球少年MVP，到误入歧途的混混，再到重回赛场的全过程。少年三井的出场，是一个留给观众的彩蛋，也是留给宫城的一道光。但很快，光就灭了。他一步步堕落为不良少年，甚至开始欺辱那些曾和他一样热爱篮球的少年。出言不逊的宫城，成为他要霸凌的下一个目标。直到教练出手，才把他从深渊里重新拉回来。

三井在赛场上打到手都抬不起来了，还要继续投出一个个精准的三分球。他的行为打动我的点，就在于他放弃篮球后，重新意识到自己离不开篮球。获得第二次机会的三井，不会再放弃篮球。对他来说，这不仅是失而复得的梦想，更是失而复得的人生。

对前路感到迷茫的我们，或多或少都会和他共情。长大后，有多少人记得自己的梦想是什么志向是什么呢？现实的毒打总是猝不及防。当困境袭来，放弃是容易的。但放弃之后，可能就不会再重拾了。对大多数普通人来说，人生是条单行道，一个岔路口走错了，很难再出现追梦的机会。

赤木刚宪的执着与坚持

赤木不是最有天赋、实力最强的选手，却是撑起湘北队的顶梁柱，原因就是他的执着与坚持。电影中又一次展现了他在这支高中球队里的处境：作为队长，在“湘北五虎”到位之前，其实他处于颇为尴尬的境地。

在一场比赛输分后，全队唯有他满是不甘，有队友跳出来说他的坚持是愚蠢的，不带丝毫犹豫。篮球对他们来说，是调剂，是打发时间，远不会到“认真的梦想”这个程度。他的认真，在一个个陆续离开的人面前，不值一提。

直到步入高三，队伍终于配齐：回头的三井，归队的宫城，高一天才新生樱木、流川。此时“称霸全国”也不再是痴人说梦。

有人可能会不解，赤木为什么总提到“称霸全国”？他的执念从何而来？电影版里给出了解答。赤木有一句台词是，“原来我的心愿早已经实现了”。对他来说，真正的梦想不是“称霸全国”，而是和一群志同道合的、能理解自己的伙伴，坚持下去，离梦想近一点。就像井上雄彦所说的，青春的梦想，往往是不完美的。结果并不重要，重要的是发光发热的过程。

竞技体育的赛场上，最不缺的就是“意外”。曾经的强者可能会居于下风，不被看好的弱者也可能突然逆袭，直到最后一秒都要屏住呼吸。影片最后关头的高潮部分，就表达了这个内涵。全场静音无声，画风也逐渐动荡，从写实走向写意。没有一句对白，只有大量抽动的近景、特写，打破观众的预期。跑位，传球，眼神交汇，灌篮，最后定格在记分板。所有人紧盯画面，紧张到心跳加速。

看电影的大多数时间里，我都在激情澎湃地“颅内高潮”。但出场后仔细回想，除热血外，这个片子的余味，有一种如吹海风的安静感。我发现自己童年时，没能看懂井上雄彦的苦心。

在五个篮球少年的背后，更是五段不同人生方式的呈现。井上雄彦关于“歧路纵横的人生”的内核表达，也许才是《灌篮高手》成为我们这代人集体回忆的根本原因。

当生活的焦虑、困苦压上心头时，我想我会找个机会，重新去看看《灌篮高手》。用那份单纯的、不顾一切的真心，来面对这歧路纵横的人生。

好好努力，哪里都是你的北京

✻杨熹文

你有没有对一个城市有过强烈的向往和渴望？

我在去北京之前，就已经爱上那座城。

那些从北京车站带回烤鸭，一身体面装束的大人走进我家里，一边喝着酒一边讲着北京的好，离开前也不忘摸着我的头说：“你要好好学习，长大后去北京上大学，那可是个好城市，有那么——那么——那么高的楼！”他们的笑声爽朗，殊不知我已经在心底生出一个去北京的梦想。

我十几年前随夏令营到达北京站时，是我人生中第一次踏在结实的首都土地上。我迫不及待地给妈妈打了电话，握着话筒兴奋地对她大嚷着：“妈妈，北京的天都是比我们那里热的！”我这个第一次坐上空调火车去远方的小妞并不知，这并不是对北京的如实写照。

那十几天我在北京的古迹中穿梭，更加确信了它的好。我住在首都某个大学的宿舍里，看见背着书包的十八岁姑娘，穿一条洁白的裙子，带着青春走在夏日的风里。我也看见那食堂里有至少二十种菜肴，我排着队等那勺排骨和炒鸡蛋。我看见那宽阔的马路，那川流不息的人群，那么多装修精致的店铺在街上连绵不绝。我看见那高鼻梁的外国人，对着电话叽里咕噜说我听不懂的话……

长大后我更坚定了自己去北京的

梦想，仿佛那里就是所有美好的集中地。高考后我不假思索在志愿表里填了北京的大学，但毫无悬念地落了榜，我最终在北方一座沿海城市读书，继续用四年时间遥想北京的好。我以为，我总有一天，会再次站在那片结实的土地上，在那熙熙攘攘的热闹城市里，做一个穿着套裙的白领。我的高跟鞋在二十层高的写字楼里嗒嗒地响着，就像是那走得飞快的钟表，无时无刻不在提醒我更好生活的到来。

很遗憾，毕业之后我并没有去北京，几次面试的失败和失恋让我的心情沉了底，意外得知的出国途径是我对那时的自己唯一的拯救。然而在异国他乡的出租屋里，我一个人守着不足十平方米的房间，从不看电视剧的我，就在那无数个孤独的深夜里，流着泪看完了《北京爱情故事》，也看完了《北京青年》，那时常半饱的肚子和空洞的内心，就这样被电视剧中的北京喂饱了。

北京的好，仿佛所有人都知晓。可是并不是所有人都能如愿以偿地搭上去北京的那趟火车，也不是所有人都能在北京的地下室里啃馒头蘸酱也心甘情愿。毕业四年后，和班级里的同学深深浅浅地联络着，也间歇地听说那么多梦想青年的故事。我从前一直觉得，所有人都应该去远方，去看看那里的建筑，那里的食物，那里的生活，在陌生的街头为自己寻一场灵魂的改变。然而在之后的人生中，我渐渐地发现，并不是所有人，都能实现一个“去北京”的梦想；而“去北京”，也不是一个人实现梦想的必要因素。

几天前我辗转得来大学时代的朋友小赵的联系方式。很多年不见后，才知道当年那个一心一意想去北京的小伙子，因为母亲突然病重，而不得不回到了家乡。大部分人都因此为小赵出众的交际能力可惜，可他在家乡那个并不发达的小城市里开了付费自习室，一个人扛起一切工作。那些日子他没有一天睡超过五个小时，常常在天不亮的时候起床，然后披星戴月地回家照料母亲。这样的日子持续了整两年，自习室已经初具规模，课程也变得丰富，他甚至拉上了原来的同学来这里合作。我问他：“还想去北京吗？”他笑说：“哪里都是我的北京。”

我心里明白，他那坚持不懈的努力，放在世界的任意一个角落，都会有一天带他走向今天的成就。我身边的另一些朋友，从前和我一样坚守着“去北京”的信念，坚持认为北京是梦想落脚的地方。一个朋友在毕业后去北京折腾了几年后，最终因为和女朋友长久的异地恋而暂时将留在北京的想法作罢。他来到一座二线城市，在北京体验到的一切，让他在这座城市里看到了很多创业的好机会。他的厨艺不错，在写字楼附近租了一间公寓，开始了为白领送餐的服务，不到一年便拥有了衣食无忧的生活。他见到我说的第一句话就是："谁说实现梦想一定要去北京呢？"我从前觉得，所有人都应该向往着去远方，几年前我更年轻的时候，我和所有心怀梦想的人一样，想去纽约成为那"大熔炉"中的一员，想去英国的大学里读喜欢的专业，想去澳大利亚在沙漠里开越野，想去北京奋斗出一个一百八十平方米的房子……

可是我渐渐地发现，我们因为金钱的缺乏，因为家庭的挽留，因为爱情的约束，因为种种不得不妥协的现实，而和心中的远方告了别。我把这些想去远方而不得的情绪，统统称为"北京情结"。很遗憾，不是每个人的人生都给了他们"去北京"的机会。可我也渐渐看到，尽管有那么多人没法实现自己的"北京情结"，可也有些人在那些不是北京的地方，实现了当初的梦想。

我的博客上有很多刚刚毕业的小朋友很羡慕地说："我也很希望去大城市，或者出国……"我总是和他们讲起自己当初的经历，一个人拖着大行李箱在一年中搬家十几次，一个人边读书边没日没夜地打工，一个人克服了那么多孤独和恐惧，又在这一刻不敢停的奋斗里生出活下去的勇气。我不再觉得一个人的梦想一定要在哪里才能生根发芽。能够让你最终实现梦想的，不是一个"地方"，而是你长久的努力，还有不怕输的决心，那是不管你走到哪里都能帮你获得成就的东西。

理智地想一想，如果当初的自己真的如愿去了北京，能让我在那里穿着职业装，在写字楼的二十层把高跟鞋踏得铿锵有力，再拥有一所一百八十平方米大房子的，只能是不懈的努力。而若我当初只能留在家乡的城市，我也会发誓要用这不懈的努力，为自己搏出一样的精彩。我从来都相信，生活中真正的勇士，从不介意上天不公的安排，他们会在任何一片土地上，都郑重地穿上铠甲，用利剑为自己杀出一条光荣的路。

我总是期待每一个不顾一切"去北京"的年轻人，最终都能从地下室搬进二环内，用实现了梦想的人生去回应当年那份浓烈的"北京情结"。可是如果生活中的什么原因让你不得不挥别"去北京"的那趟列车，我也希望你有足够的勇气和决心，好好努力下去。

我相信，你会让哪里都成为你的北京。

有未曾见过的山与海

在地图上

✻鲁　敏

1

开始，他不知道自己喜欢地图，就像少年人起初不知道自己中意酒，总要等到第一次真正的遇见。地理课上，老师讲到气候与矿产分布，他依旧木然，以为只是一门功课而已。但当老师展开挂图，一种失血般的压力突然袭来，那毫无规则、无比繁复的线条，让他目光躲闪、浑身一阵阵发紧。

不久，地理课进入了铁路部分，并停在那里，整整讲了半个学期。老师往台上一站，“某某某”，喊一个同学，“说说共有几条铁路线经过襄樊市”，或者，“把陇海铁路沿线站点背一遍”。他念的这个专业，叫邮政调度，将来要编排邮件运输线路的，地理算是主课，尤其对交通部分，每一条省际铁路线，都要求烂熟于心。有一次，老师把小测验的试卷贴在教室后一一讲评，考题之一是画出东北三省铁路图。他惊奇地发现，全班数他画得最好，整张弯曲交叉的铁路网像是从纸上自动浮现，精确、优美。

老师表扬了他，他也在心里表扬了自己。这一表扬，就像盖了个钢印的图章，他认为：他与地图，从此是不可分了。

地图，也跟酒一样，一旦陷进去，便没有穷尽。一本红皮子的《中国地图册》，1966 年第 1 版、1983 年 9 月第 5 版、1986 年 7 月 第 18 次 印 刷， 印 数 9292001—9892000。他默念这串数字，感到一阵模糊的认同与激动，约有 990 万的人都有这本书！他得空便看，换了好几回书皮，越看越觉得有趣极了，哪怕仅仅是那些小旮旯地名，也足以让他流连忘返：财神、可乐、启蒙（此三地在贵州），伶俐、小董、葡萄（在广西），勒马、张弓、射桥（在河南）；更有无数的同名之地，如永乐、磐石、响水、宝山之类。

像吮吸一枚巨大而不规则的硬糖，他

我与他们之间隔着什么，是与世界妥协相处的秘密，但我永远无法抵达。

耐心、仔细地舔，一个省一个省地按顺序来，察看河流的走向，湖泊的形状，铁道的蜿蜒——出神入化，似繁实简，永无雷同。当然也有色彩。行政图的色彩意义不大，有一个四色理论：不论多么复杂的地图，要使相邻两个区域的颜色不同，只需四种颜色就足够了。他开始不信，找了许多图察看，最终满意地确认。地形图上，他会对海拔 5000 米以上的紫色表示虔诚的敬意，对 6000 米以下的深蓝，想象葬身海底的窒息。

他与地图的亲密关系，一直延续到中专毕业。十八岁工作，他没做成调度员——那个，一个省也不需要几个。他成了跑线的，铁路线上做邮件押运员，装卸、看管、点数邮袋，在铁轨的“哐哐哐”声中，永远那么滑稽地摇摇晃晃。

这工作，正好与他所钟情的地图有一些关系。不是吗？顺着地图上的铁路线来来往往，这个，也有意思的。

2

我碰上他的时候，他在线上跑了五年，精瘦，面相稍显老，但神采奕奕，有种特殊的光泽。大约邮政车厢里平常难得有外人，他很主动地跟我闲扯，讲到他与地图的缘起，用投入而诚恳的语调。看到一个人这样肯定自己的癖好，是件愉快的事。我认为他是个特别的人。

我把他的话记在本子上，算是采访。当时，我在一个不大景气的杂志社实习，杂志新开了一个栏目叫“职业秀”，下一期选了火车押运员，要派记者出来跟他们——这是苦差——派的便是我。从南京到北京，再从北京回南京，前后两夜一天。

他们押的是夜车，且每个停靠站点都要与地面交接邮件，故四个押运员分两组轮流睡觉。一共两张铺。“你睡！你睡！”他们对我客气，像让饭菜一样，特地让给我一张。“你们睡！你们睡！”我也客气。我没打算睡——车厢里满是邮袋，每到站点装卸一次，虽有人拖地板擦桌子，可依然有种脏兮兮、不安定的感觉。

另外三个押运员，一个是班长，年长，寡言。一个面目混沌，但很勤快，不停拖地板擦桌子的就是他。再一个个子矮小，却能扛起比他本人还重的邮袋，总是毫无必要地忙着把袋子从这里挪到那里。四个人当中，他最喜欢说话，轮到他歇下，便一直跟我聊，聊地图。

“地图其实是看不完的，并且看了也蛮容易忘的。”他忧虑而幸福地说，怕我不懂似的，仔细解释，从省、市到县，到旅游景点，连一个小镇、一个农场，都有自己的地图。还有世界地图，每个洲的每个国家，每个国家的各个州、郡或地区。“反正我不怕，总归有得看的。不过，我比较喜欢中国地图，那些地名让人舒服。”他喜滋滋的，像是藏好了一辈子的粮食。

“万一看完了呢，你才二十多岁！”因为无事可做，我接着他的话。火车外黑乎乎的，除了远处偶尔的灯火，没有任何标记。谈天中，他经常警觉地停下来对我报地名：彭家湾、明港、焦庄、孟庙……这些小地方压根没站，也不停，可是他坚持：人家就在那儿！这方面，他好像的确是有些天赋，也可能是跑得太熟腻了——哪怕就是不往窗外看，他也能知道自己在线上的什么位置、在哪个地方附近。他指指脑袋，说：“我这里，有张很大很清楚的地图。”

“就是哪一天真看完了也不怕。”他犹豫了一下，接着小声地宣称，“因为我会自己设计地图。”

这算什么？我心想，难道地图是房里的家具或晚上的菜谱，可以随便乱来吗？

他看出我的意思，但也不争辩。我们沉默了一会儿，但这紧凑的车厢实在太过无聊，我接着逗他：“真能画？地图怎么好乱画？”

他摇摇头，伸手取走我的采访本，翻到中间的连页处，咬了一两秒钟嘴唇，很快地画起来。

火车大声叹了一口气，新乡到了。我伸出头去看，地面一小堆邮袋，有两个接车员在守着，有点哆哆嗦嗦的样子，想来是冻的。班长和矮个子开始往下扔邮袋，扔完了下面的人再往上扔。四个人，像是小小的机器人儿一样，一声不吭地手脚配合。远处，有一些穿得鼓囊囊的旅客正往各个车厢口跑着挤着。不知为什么，在光照不足的站台，这远近两处毫不相干的情景看得人有些黯然神伤。他们上上下下差不多刚弄完，车子叹一口气，又“哐哐哐”开起来。

重新坐到他身边，他大约刚刚画完，正盯着手中的图发愣。我拿过来一瞧，也同样愣住了：这图，画得太逼真了——“逼真”一词，也不甚准确，因为这图只是凭空捏造，并无模拟对象。

他所画的，应当是个偏僻小县的城区图，县府大院、托儿所、牙医诊所、电子管厂、自来水公司、人民公园、护城河、山岗、街巷、老城区与新区，以及新区外围的绕城公路，分布匀称合理，一应的设施与地貌皆煞有介事、详略得当。

我夸了几句，同时又想，就如同熟读唐诗三百首也能出口成诗一样，他看了那么多的图，会这样“设计”，也很正常。

他却有些走神，又把地图要过去细看

了很久，才恋恋不舍地把本子还给我，十分认真地叮嘱我："这张图，可别随便扔了。每次画好一张图，我就觉得，某个地方，正是这样存在的。这图不是我想象的，只是照那里的样子画出来而已。"

喜欢搞卫生的那个押运员正好在一旁抹窗户，听到个笑话似的直拍大腿："这话说的！你天天都在画，瞧咱们床下那厚厚一大摞，难道真有那么些地方……"

3

他们大声报着袋子的编号，把刚接上来的邮袋一一核对，码齐，又把下一站需要卸下的另外分堆，足足忙了有半个时辰。矮个儿突然嚷肚子饿了，另外几个也附和。班长于是在台子上铺开一些袋子，是刚才晚饭没吃完的熟食——为了招待我而特地买的。大家一起呱唧呱唧吃起来。

一吃饭，就都开始聊了。我假装问东问西，暗中引着他们说说工作。

"哼，每隔一天，跑一趟北京，把我老祖宗几辈子、子孙几代的配额都跑完了。等退休了，我哪儿都不去，永远不坐火车。"

"我现在就是着急：不会正经睡觉了。就是回去睡在自己家床上，半小时左右就会醒一下，醒了往外面看，总觉得像在火车上。"这是爱抹桌子的那个人。

"那是你。反正我能睡，到北京被头一蒙是睡，回南京被头一蒙还是睡。睡醒了上车，下了车再睡。"

"平心静气想一想，我倒是更喜欢火车，下来了反而觉得到处不对劲，看谁都奇怪。还是回到火车上踏实。哐里哐啷地响，东倒西歪地走，好！"

大家一气吃了许多凉食，都想喝点热水，一摇暖瓶，空了。他自告奋勇站起来去打，同时看我一眼，是邀我同行的意思。

要穿过一节长长的、充斥热气和巨大噪声的机械车厢，好像随时会爆炸，让人十分心憷。"这是……心脏，所有的发动……能源……"像介绍他家的客厅似的，他大声说，但只能听得断断续续。

到了前面的客车厢，硬座区，最常见的拥挤与纷乱里，烘热的怪味扑面而来，面带倦色的人们横七竖八，几有满目疮痍之感。他熟门熟路找到开水间，并跟一个睡眼惺忪的列车员打了个冷淡的招呼。

我们一起凝视着开水往暖瓶里流。他突然严肃地对我补充："刚才，他们说的那许多，其实一句话就可以概括：客舍似家家似寄。"

我有些惊讶，这是句古诗啊！

他不好意思地一笑："哦，以前碰巧听到一个旅客说过。当时没懂，后来越想，越觉得对。"

"但我与他们不同。"他忽然有些骄傲，"有个道理他们不知道，人啊，本来，就是活在地图上，睡觉、吃饭，怎么样都是在地图上的，从一个点到另一个点，从这条线到那条线，如此而已，移来移去，蚂蚁一样。所有人都一样，没什么好说的。"

他说得蛮有哲理似的，让人感到十分难过，却也无从反驳，或许是我也联想到自己不甚如意的工作。

两瓶水很快满了。我们又穿过那充满可怕噪声与热气的"心脏"，回到邮政车厢。那位刚才说"不会正经睡觉"的家伙却歪在窄窄的铺上蒙眬睡去了，大家都轻脚绕着他走。

火车吞吞吐吐地慢下来，大约是到邯郸了。他把衣服束到裤腰里，扭一扭手腕，准备与搭档一起干活儿了。

我倒了半杯刚打的开水，小心地咂了一口，却发现完全是温的。一阵突如其来的消沉包围了我，我也开始乏了，勉强睁着眼睛往外瞧，吃惊地发现自己看到了一群极为纤弱的蚂蚁，正在闪闪发亮的铁轨上一只接一只地爬，无穷无尽地爬。

4

一到北京，他们都钻到供押运员休息的公寓里去了。我去了故宫，到下午回到公寓，已是双脚酸痛。车子要晚上九点多才开，我不常到北京，不玩似有点可惜，况且坐着也是干等，于是请他陪我到离公寓最近的月坛公园去。

看了几处没有样子的景点，天色渐渐晚了，我们便找了一个花坛坐下。

“来过吗？”我问他，突然发觉他一直都没怎么说话。

“没有，不喜欢玩。一下了火车，就感到精疲力竭，好像那1160公里长的线是我自己一步步走过来的似的。”他果然没有在车上有劲头了，像被抽了筋骨，整个人都是蔫的，“总之我最怕下车。你可能不信，我都觉得走在地面上很不舒服。”

他习惯性地用一根手指头在花坛的土里乱画，纵横交错，形成沟壑与河流。画了一会儿，又烦躁地用拳头全部抹去。我找了几个话题，他均简单敷衍，谈话难以为继。他跟在车上判若两人。

当地的居民们在四周三三两两地走动，有一搭没一搭地说些家常话，句句听得懂，但句句如隔云雾，有种离奇的失真感。在公园待得越久，越是觉得身首异处，真不如早点上车呢——我现在也跟他们一样了，下了火车，反不适应这按部就班、平常过活的人间。

重新上了车，大家好似分别良久重新团聚的亲人，有种羞涩的亲密感，互相招呼着放置生活用品。

我虽也感到安稳，但来时的新鲜感已经没了，加上累，更感坐卧不宁——车厢太小、太挤、太脏。我小口喝水。我穿过“心脏”去上厕所。我打盹，我醒来。我洗脸，我看窗外。我盯着表，瞪视每一分钟，直到两只眼睛发胀……难以克制地，我对这节车厢产生了强烈的厌恶，这走走停停、与世隔绝的空间，简直令人发狂。

他们几个却十分自在，尤其是他，重新精神焕发了。不知从哪里掏出一张地图，他找了个软和的邮袋，半倚半坐着，聚精会神地看。我强打精神凑过去，是菏泽市区地图，折痕处有些发旧。

“我每半个月研究一张市区图。半年可看十二张，下半年再复习一遍。等把全国的市看完了，就开始看县城，我正在托其他线上的人帮我买。”他语气里带着计划性的周详与安宁，一小时前在月坛公园的烦躁荡然无存了。我忽然间对他非常失望：他哪里有什么异秉，只是穷极无聊而已，借了那广阔无垠的地图，打发这身处狭窄空间的绝望感而已。包括其他几个，都在想方设法让自己“悬空”，以某种方式离开这个车厢。我用几乎是不怀好意的目光打量——

班长在整理路单，那种记录邮袋上下

的清单，像理钞票一样弄得十分齐整，连一点皱痕都要抹平。小个子在翻动邮袋，北京上来的很多，光是报纸，就有五十多袋，他干得直冒热汗、劲头十足，还嚷着嫌报纸太轻。另一个则仍在卖力地四处抹桌子抹窗户，全然不顾身边小个子正搅起的团团灰尘。

他们各自忙碌，像在行动又如静止，简直超然物外，好像这节拥挤混乱的车厢便是全世界的中心。时间轰然停止，距离永无远近，四季或冷热皆与此地无关，生老病死、爱恨情仇皆被排除在外……

我浑身一阵燥热，感到一种精神上的苦涩与剧痛。我突然感到，我与他们之间，隔着什么，那是十分要紧的东西，是与世界妥协相处的秘密，但我永远无法抵达——他们为什么那样安详？

我猛然扔下我的采访本，向他们愤怒地大喊，同时试图打开车窗，以呼吸一点冰冷的空气。也可能我什么都没做，只静静地坐在那里，挣扎在这光照不足的梦魇里，像在夜空下大海的波涛里浮沉。

5

有人递给我一杯水，同时躲开目光。不知道刚才发生了什么，只见他们几个聚拢在周围，似在小心地照料我。

班长问起我的工作，以及老家在哪里等。我如从梦里惊醒，在疲倦的蒙然中勉强介绍起杂志社这个叫作“职业秀”的栏目。

他们好像很感兴趣似的，纷纷接话，向我介绍一些离奇的行当。

“我认识个人，专门在护城河和下水道里捉蚂蟥，你们想不到吧，那玩意儿可以卖出不错的价钱。”

“我有个邻居，每天骑个电动车，替超市配送棒棒糖，就是收银台那个地方的棒棒糖，五毛钱一根。他驮了很多的糖，每天骑啊骑啊，我觉得很好玩。”

“南京盐水鸭爱吃的吧，嘿嘿，所以有个专门杀鸭子的差事，想想看，一上班，就开始杀，杀到下班。可怜，这个人肯定从来不吃鸭子。”

他老久没吭声，却另外起了个头，两只眼睛突地一闪：“要是可以另外选，你们想做什么？”

“这怎么好选？只有职业选我们，哪有我们选它？”班长真是老了，都没有假想的兴致。

小个子倒是当真，眨了一会儿眼睛，兴奋了：“举重！举重运动员。搬了这些年的袋子，我觉得我有这个特长。”

不会睡觉、总擦桌子的那个，打了个大哈欠，眼眶里一圈泪水：“睡觉！有没有工作是专门睡觉的？我就做那个！”

哈哈哈，大家有些抱歉地看我一眼，快活地大笑。

他没笑，极不满意这些胡闹：“你们真是的！我呢，想了很久了，就想要这样的工作：坐在一个特别安静特别大的地方，一动不动。不过，这到底是什么工作呢，我一直没想到，你们也帮我想想。”

“一动不动，挺难的啊……”大家都翻着眼睛。

小个子“咔咔”扭着手腕，有些不解：“一动不动……那你坐在那里干什么呢？”

“看地图啊！画地图啊！那还用说！”班长替他回答，“他能有别的？”

大家又哄笑起来，并无答案，各自散去——因为火车开始叹气了，下一站到了。可以看见站台上黑乎乎等车的人了。

6

大约又过了五六年，我再次碰到他。

这期间，我在一家厨具销售公司干过，挨家敲门，但少有人开门；做过小公司的文案员，专门写糊弄人的漂亮话；谈过两个对象，然后分手；有亲人过世，但没有哭；暴雨天等公交车时浑身湿尽，感到生活顺流而下。

——面对一切的小失意或是大失意，我都会模模糊糊想起多年前的火车上，有个喜欢地图的家伙，他说过的那句话："人啊……怎么样都是在地图上的，从一个点到另一个点，从这条线到那条线，如此而已……"真没错，他说得很简单，很好，一下子触及生活的悲剧性，让我心平气和，甚至有些感谢他。

突然的见面，是在一个商场的打折区，最好不要碰到熟人的地方。

他先认出的我："胖了一些吧，差点儿看不出。"他倒还是那么瘦，但似乎哪里不一样。

"怎么样？还跑北京线？"其实我最想问的是地图。说真的，我有点儿好奇，他现在该看到县城地图了吧，一个县接一个县地看，在那摇摇晃晃、通宵不眠的车厢里？

"早下线了。"他拈出一根烟，把我拉到商场逃生通道，"火车禁烟。下来我就抽上了，才发现烟是个好东西。对了，我们那个班，后来出了一点小事。"他大口吞烟，这使他看上去显得很平庸。

"怎么？"

"李伟丰，我们一起的，有一天掉下去，脊梁骨摔坏了。"

"掉下去？"我不明白。

"喏，就像你那回一样，突然打开窗户……"他不说了，掩饰地只继续吞烟。其实不一样啊，我那次毕竟并没有"掉下去"，但我多少有点儿羞惭。

不过，李伟丰是哪一个？我不清楚他们几个的名字，包括他。掉下去的，是矮个儿的还是总抹桌子的？抑或是那个工龄最长的班长？到底是哪一个，在其安详的假面之下，有着与我同样的焦躁——没完没了的铁路线上，灯光遥远的夜晚，像蚂蚁一样，从地图的边缘爬出来，企图摆脱这个世界。

"幸好……"我含含糊糊地说。

"对了，我曾经在你采访本上画过一幅县城地图，记得吗？"他有些不好意思，但仍然把话说完，"后来，你一定是扔了吧？"

"没有没有，好好保存着呢。你不是让我千万不要扔的！"我差不多快忘了那张图，鬼知道在哪儿呢，他反正不可能跟我回家看吧，"怎么，你后来真在县城地图里看到一模一样的了？"

"哪里，我下来后就把所有的地图册都送人了，我自己画的那些假地图，通通扔了。今天碰到你，倒是巧，要知道，我一直惦记着，还有张地图在你那里，你今天一回去，也替我扔了吧，这样我就安心了。"

我感到一阵找不到疤的疼，以及凌空失足的空虚与崩坏。今天为什么要逛这个打折区呢？

想再问点儿什么，他却匆忙地掐了烟："有事儿，先走了。记住啊，回去替我扔掉。"

我从未见过如此纯粹的粉紫色晚霞翻滚在地平线的尽头，无边无际的天空、白云、电线杆、草垛、树林，看似单调重复，却莫名令人安心。

独自坐火车穿越西伯利亚

✿叶 酱

在我的旅行清单上，有那么几个听来浪漫却不太容易完成的项目，比如走遍印度28个邦、去婆罗洲寻找红色榴梿、在“水果季”重走丝绸之路等。

而坐火车穿越西伯利亚，算是最触手可及的一项了。

时间有限，无法把远东城市海参崴作为起点，只好投机取巧地选择直飞西伯利亚腹地，再登上一路向西的火车。

2010年，一位叫西尔万·泰松的法国记者看透了都市生活的假象，于是带着一箱子书和18罐辣椒酱，搬到贝加尔湖畔的小木屋里，独自度过6个月，还写了本书，叫作《在西伯利亚森林中》。

他常把小木屋的世界与此前在巴黎的生活做比较，得出的结论是：隐居生活使人的雄心缩减到可能的范围之内。

比如，一会儿得钓到鲑鱼，才有今天的晚餐。

这是外人给西伯利亚贴上的新标签：原始、粗犷。人们从源头汲取能量，森林里盛产的蜂蜜和鸡油菌能在国际市场上卖出好价钱。它还是新贵们彰显旅行品位的小众目的地、完美的隐居之地。只是，真实的历史太容易被抹杀和遗忘了。

去西伯利亚之前，索性就在火车上读一读索尔仁尼琴的《古拉格群岛》，你的旅程也许会变得沉重，但也会更丰满。

新西伯利亚—叶卡捷琳堡

到俄罗斯之后的第一趟火车，我就差点儿没赶上。

午餐吃得太开心，电子书也看得太入迷，不小心就把kindle忘在了餐厅，直到收拾好行李准备去火车站时才发现，不得不上演一段“飞速狂奔领取失物”的桥段。

我买了最低等级的卧铺，对面是一位中亚人长相的小伙子，额前飘着几簇油腻腻的刘海，像生意人，但我感觉他的生意不太顺利。

如何分辨火车上乘客的经济状况，有个很简单直观的办法——看随身带的干粮。隔壁下铺的格子衫胖大叔，从袋子里变出一只烤鸡，还有莳萝腌的黄瓜和土豆；而我对面的小伙子则掏出一只搪瓷杯子，倒入瓶装碳酸水，细细品味起来。在我们相处的24小时中，小伙子一共吃了三顿饭和一次下午茶，内容都是一根火腿肠加黑面包，饭后甜点是两颗糖。

因有了雷打不动只吃两颗糖的克制，小伙子才得以在如此容易使人发胖的俄罗斯“幸存”下来。

帮我扛行李的格子衫胖大叔或许已到了对形象自暴自弃的年纪，吃掉半只烤鸡后，他把剩下的包起来，然后又掏出一块巨大的甜饼，趁我在拍窗外晚霞的时候，不容分说地塞了小半块到我面前。小伙子也不示弱，掏出四颗糖送给我。

在火车上，语言不通的一个好处是，没有供无谓的扭捏和客气生长的土壤，相对无言，只求心意相通。对于他们的分享我只好照单全收，却连一句俄语的“谢谢”都说不出来。

火车中途停在一个小站，大半男人都迅速下车，抽烟、散步、活动筋骨。月台上挤着不少包着头巾卖烤鱼的村妇。在格子衫大叔的协助下，我也买到了一条烤鱼、一袋莳萝腌的黄瓜和土豆。

朝西的火车在追赶夕阳，下午6点过后，窗外的无数白桦都披上金色光芒，接下来便是漫天晚霞。

我从未见过如此纯粹的粉紫色晚霞翻滚在地平线的尽头，无边无际的天空、白云、电线杆、草垛、树林，看似单调重复，却莫名令人安心。

此刻，这些火车上的人正进行着穿越西伯利亚的壮丽之旅，只需在几天几夜的时间里和自己为伴，像胖大叔和小伙子那样，去看望远隔几千公里的亲人，或是去谈一桩希望渺茫的生意。

在我居住的地方，那个被称为“魔都”的大城市，所有人都在竭尽所能地追求创新和变化，一成不变是可耻的，心中没有宏伟蓝图的人甚至没有立足之地。

而眼前的他们，在望着窗外时，眼底都好像有看不到尽头的空洞。

叶卡捷琳堡—喀山

这趟火车旅行，对我而言有着不同寻常的意义：这是我第二次经由陆路穿越欧亚两大洲。上一次的出发地是伊斯坦布尔。

“在俄罗斯，不管什么场合，只要出现一个伏特加酒瓶，那里就会完全变成另一个世界。”日籍作家、俄语翻译米原万里小姐如此写道。

一点儿错都没有。

同车厢的三位大叔，等不及火车开动，就从包里掏出小瓶装的伏特加。初次见面的他们仿佛是一起闯荡江湖几十年的老朋友，一人打开电脑播放电影，一人准备下酒菜（无非又是巨大的火腿肠），另一人倒酒。

他们自然也不会放过我：“喝一点儿，喝一点儿。”

“我真的不会喝，喝了会晕倒。”语言完全不通，我急了，只好双手合掌放在耳边，歪着头做了个睡觉的姿势，接着赶紧拿出包里的枸杞、红枣等小零食，送给他们下酒（好奇怪的下酒菜啊）。

车厢的酒气让人疲惫，但最让我心累的是长时间的无效沟通。俄罗斯人有股莫名的倔强，他们似乎认为，只要反反复复地同我说俄语，我就能听懂。

无可奈何，我只好跑去餐车车厢，打算吃一顿时间长度堪比西餐雅宴的晚餐，让耳根子能清净一会儿。我点了牛排、薯条和红菜汤，尽管环境简陋，但至少还有打着领结、身穿西装小马甲的侍者服务。

没想到与我同车厢的一个大叔也跑了过来，显然已是醉汉。他“啪”地在我对面坐下来，摇头晃脑地冲我胡言乱语，那距离已经令人非常不舒服了。侍者小哥似乎对此司空见惯，马上冲过来礼貌地问我：“他打扰到您了吗？”

“是的，当然，我只想一个人待着，而且我不认识他。”

侍者冲我眨眨眼睛，眼神饱含着希望我理解的歉意，他对着醉大叔一通劝说，半拉半扯地把他挪到其他桌子。结果大叔又走回来，几番拉锯之后，我也心烦意乱。被酒鬼骚扰真是最无奈的事情。

俄罗斯人嗜酒在全世界是出了名的，伏特加堪称俄罗斯国酒，大多数男人甚至把伏特加看作自己的“第一个妻子”。

不管来到俄罗斯的哪个城市，总能在路边发现零散的空酒瓶，如果大清早就看到有人双眼迷离地呆坐在地上，不必害怕和惊慌，那只是一个醉鬼，绕过去就行。

然而在火车这样的封闭空间里，酒鬼无疑是最大的公害，没有之一。

喀山—莫斯科

这趟火车我换到了封闭式的二等车厢，四人间。半夜上车后，我迷迷糊糊就睡着了。

翌日醒来，发现同屋是一位胖胖的俄罗斯妇女，带着两个小姑娘。她会说英文，能跟我顺畅地交流。仅凭这一点，就能明显感知到车厢等级与受教育程度是成正比的。

有趣的是，在语言交流没有障碍的情况下，很多时候并不能加快互相了解的速度。受过高等教育、眼界开阔的人，反而对陌生的旅人没有太大好奇心。出于礼貌，你也不可能再手舞足蹈地去表达自己了。

记得我在印度钦奈遇到的一位出租车司机，去机场短短20分钟路程，他大概问了我100个问题。

“中国和日本，哪里比较好玩？”

“你们通常是开车还是坐火车去旅行？”

他说：“我每次拉到外国客人，都会问关于他们国家的事情。我很想了解外面的世界，不是通过网络或者电视新闻，而是通过活生生的人。”

但对于坐火车一等车厢或飞机头等舱旅行的人来说，外面的世界近在眼前。

莫斯科—圣彼得堡

莫斯科的火车站密集，光市内就有大大小小十几个车站，其中9个正在使用，而且命名方式也很有趣，通往什么地方就叫什么火车站。比如，喀山火车站的车是前往喀山的，基辅火车站的车前往乌克兰。我下一站要去圣彼得堡，很简单，那么就要去列宁格勒（圣彼得堡别称）火车站。

从莫斯科往欧洲方向走，会讲英文的人越来越多，城市气质更接近发达国家，也就是说，孤独感也更加强烈。

因为离得近，莫斯科与圣彼得堡之间设有类似高铁的快速列车，只需要三个半小时即可到达。这在动不动要坐几天几夜火车的俄罗斯，简直是眨眼间的距离。

8月的圣彼得堡阴雨连绵，下火车前，我穿上夹绒外套，一边想念喀山的阳光，一边瑟瑟发抖地等候巴士。

我的火车之旅，也要到终点了。

火车的速度越来越快，“坐火车”的举动也愈加趋向于功能性。坐在时速超过250公里的高铁上，观赏风景成了奢望，刚刚对远处田野上颇有地方特色的民居产生兴趣，还没来得及仔细看，列车就把它们甩在了身后。

我被速度剥夺了看风景的权利，被密封的玻璃阻隔了新鲜空气，所以只好在狭小的座位上玩手机、看剧、回邮件，忍受熊孩子们用iPad大声播放《小猪佩奇》。

而那些慢悠悠、臭烘烘的绿皮火车，眨眼间变成不合时宜的落后产物，因此还有了一丝复古的文艺情调。我甚至不能确定它们是否仍旧存在。

但对于广袤而荒凉的西伯利亚来说，东西近万公里的长度足以让任何速度黯然失色。

西伯利亚的火车之旅，注定是缓慢的。

在这里，美才是生活的重心，有时甚至是全部。一切日常都围绕着感知美、评判美、营造美，那关乎感觉，而不是逻辑。

景德镇游乐场

✲ 方和斐

我做的这项天文研究有个好处，就是不必到岗办公，所以我现在坐在景德镇的一家咖啡厅里。这家咖啡厅红砖红瓦，外墙上满爬藤蔓，像宫崎骏电影里的房子。立冬时节，这里的气温还高达二三十摄氏度，悬铃木树影葳蕤，巴掌大的蝴蝶在窗前的花丛里扑簌簌地飞。

竟然就这么误打误撞地碰上了热闹的景德镇艺术集市。

集市是我到这里的第三天开起来的。傍晚，远远地听见园区里电子音乐此起彼伏，我买了票进集市闲逛，看见篝火装置吐着“火舌”，路两边上百个摊位林立，熙熙攘攘。有卖铁锅的，卖古风服装的，卖盆栽的……所有招牌都别具一格。卖唱的抱着吉他在低吟苦情歌，卖酒的坐在露营椅上谈笑聊天。当然，卖得最多的肯定还是陶瓷制品。

我和一位毕业于南京艺术学院的摊主聊了一阵儿。她毕业后便来到景德镇，租下一间小小的工作室，这是来这里的年轻人的“标准人生经历”。她刚开张，生意不算太好。大家的生意都靠主播带货，网络主播们每人攥一部手机，挨个摊位拍摄展示。一个主播停下，问了问商品的价钱，又很快离开。

与我聊天的摊主在摊位上点了几支蜡烛照明。蜡烛插在她做的瓷烛台上，烛台造型奇特，状如白色珊瑚，在焰光下晶莹剔透。我买了两只，听到我要长途携带，她在包装时用气泡膜缠了又缠。

集市上的东西都不便宜。杯子、胸针，单个的至少要一两百元，成套的几乎都上千元。走过一个个摊位，看到有些顾客和摊主交谈得亲热，大约是经常光顾。

我在一个卖玻璃工艺品的摊子跟前坐了一会儿，听一位资深的工作人员为另外两位新同事进行培训。她讲解着每件器具的制作工艺、制作难度、定价策略……两位年轻同事手忙脚乱地记录着。讲到一件球形连串的玻璃摆件时，带教的她急得连说带比画——那器物充满了几何美，吹造工艺几乎算是一道拓扑学题了。

我拿起一只小瓶子，是一位捷克艺术家做的，瓶底有稚拙的汉字签名，瓶身洇着各种青绿的颜料，还有一些粗糙的符号。刹那间，我以为自己捕捉到了艺术家想要表达的意思——追寻自由。

“这个瓶子是做什么的？插花？装清酒？”我抬头问摊主。

摊主说：“你不要认为它有特定的用途。它只是一个容器，这样想就好了。”

君子不器。我在潜意识里已经错了。

隔天，我去了一家有名的废弃陶瓷厂。老厂房一隅有一间工作室，也是这里众多工作室中普通的一间——这里已经成了聚集到此的年轻艺术家们的盛大游乐场。工厂的角落里有几个女孩在路边摆摊，比起商业街上成批的郎红、斗彩，这些作品的制作难度几乎可以忽略不计，但活力难以名状。

车间楼已破败得仿佛废墟，裸露着水泥和破碎的玻璃窗。走廊上堆着废弃的石膏模具，薄门扭曲变形。顶棚吊着几盏昏黄的灯泡，映着角落里晦暗的积灰和蛛网。一面巨大的油彩墙提醒我来到了艺术工作室。工作室里有人在给花瓶涂上粉色的手绘图案，有人在捏造型如神树的泥坯，烧好的杯碟挤满了立架，将粗木条桌隔成了几个工位。

我坐在露营椅上和已成朋友的一对夫妇攀谈——他们刚搬来这儿，正创作申请博士学位的作品。妻子做了几只形状看似随意的玻璃戒指，叠戴起来如山水画。丈夫帮我冲洗咖啡杯，杯子也是他们自己做的，他扳动外墙上的电闸，水从锈了的水龙头里流出来。

“这里有松鼠，白天会爬进来咬泥坯。”他说。

隔壁桌有人在揉陶泥，摔打声隆隆如鼓点。那是辞职不久到这里来的创业者，想试试能不能靠手工艺养活自己。另一桌正忙活的是一个从伦敦回来的女孩，她在这里积攒作品，准备去上海办展览。

仿佛候鸟迁徙一般，创作者们在此停憩。我问朋友：“来这里的人一般能待多久？”朋友站在黑暗的楼道里说：“半年到一年吧。在某个特定的季节，一批旧的人走，一批新的人进来。”

第二天，我陪朋友夫妇去公共窑烧作品。那是后巷里一间不起眼的平房，煤气窑像一个灰绿色的集装箱，缝隙中透出赤红色的火光。朋友向我解释：“烧瓷有个术语叫‘气氛’。在不同的窑里，同样的釉烧出来的颜色是不一样的。”

我试图聊聊这类反应的化学式。他们

笑了，说："景德镇也有自己的'气氛'，就是大家不谈科学，只谈感觉。"

我从一位做青白瓷的手艺人那儿买了两只影青的莲花主人杯，釉色如雨后云开，杯上镂空如露珠。他毫不避讳自己的短板，给我比较他与师父的仿古作品的区别："你看我师父刻的这团凤，雕工几乎已经接近宋朝的水平了。这种窑很难烧，九成九都烧坏了。你看这线条多么灵动，多么随性。美啊！太美了！"

他拈起一只自己做的杯子："你看我做的，相比之下就死板了些，差那么点儿火候。我做浮雕十五六年了，但半刀泥的技法完全没法跟我师父比。这东西靠悟性，也许再过十年我的水平就能提高了。到那时，我就什么都不操心了……"

果然，从心所欲才是最高追求。

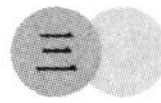

村口几平方米的小馆子是当地年轻人会集的社交中心，老板是一个长头发的摇滚歌手，他为我做了一杯特调的橘子海。认识的、不认识的，大家都在互相聊天。聊到凌晨两点，小馆子里的气氛仍然热烈。不知谁提议，大家决定上山去看星星。

山谷深处有一座废弃的游乐场，我和这群年轻的艺术家们一起在深夜探索。坐斑驳的海盗船，在失去弹性的蹦床上撒欢，在破旧的帐篷里捉迷藏。草坪被露水弄湿，夜风吹动云层，双子座和火星在夜空中影影绰绰。恍惚间，我竟有些错愕——我怎么就到了这里？

我们坐在大红色的长凳上，我给他们讲宇宙中的星辰：中子星如何将星云搅碎，星系如何形成尘埃的旋涡……有人谈到能量和磁场，用手在彼此间划动，闭着眼竟真能感受到对方存在。

我知道，那大概只是热辐射和微气流的触觉反应，但我什么也没说。有些事不一定要用科学来解释。在这里，美才是生活的重心，有时甚至是全部。一切日常都围绕着感知美、评判美、营造美，那关乎感觉，而不是逻辑。

我头一次感受到一种新的生活方式：生活不是为了赚钱，不是为了尽责，甚至不是为了弄清楚什么事情，生活只关乎充满美地活下去。

我们骑摩托车上三宝山，掠过郁郁葱葱的芭蕉树和柚子树。当地朋友在夜风中喊："你知道芭蕉树是怎么枯萎的吗？它枝繁叶茂地长着，没有任何征兆，突然有一天，'哗'一下整棵垮掉。"

我知道，我无法在景德镇永远待下去。我的硬盘里还装着一组庞大的射电天线的数据，等待降噪和绘制；文件夹里还有一篇用夏威夷火山之巅上的望远镜观察的星系团的论文，等着我完成批改；上次发给法国人的星际介质的光谱还需要再换个形式；为了阿塔卡马高原的下一个观测季节，该做个新的类星体源表了。

我与艺术之间的这种近距离接触，像月亮进入地球的影子一样，注定短暂。宇宙的一切还在继续，在不倦的星辰运行之下，始终保持这种松弛感几乎是不可能的。不过，我效仿集市上的艺术家们买了几套夏季的衣服，不仅是为了感受外在的仪式感，也是因为景德镇实在太热了，北京带来的厚衣服完全穿不住。

而我还能在这里待一周。

平芜远去，梅生依旧

✽陈廿榛

…1…

平芜来到苏州那天，是个难得的晴日。洛琪顶着一头小脏辫在火车站外等平芜，看到她出来，就在人群中拼命挥手。

等平芜走近，洛琪把左手拿着的一枝桂花递到她面前，高兴地说："闻木樨香否？"

平芜接过桂花低头闻了闻，回道："苏州的桂花确实比别处的都香。"

听到平芜的话，洛琪得意地挑挑眉，指着她们身后的火车站说："苏州站也是中国境内很美的火车站。"

平芜回过头，看着身后设计感很强的火车站，微笑着说："你热爱苏州，自然觉得苏州的火车站很美。"

听了她这话，洛琪摇摇头，神秘兮兮地凑过来说："其实我一点也不喜欢苏州，这里一到冬天太冷了，冷到骨子里了。"

看着洛琪期待自己顺势提出问题的眼神，平芜用已经多年不曾说过的本地话问："那么，你为什么留在苏州呢？"

洛琪听着平芜已经不地道的吴语，拽着自己的小辫子，神采飞扬地说："因为梅生喜欢苏州啊，他说苏州最温柔，要在这里终老，我当然是要陪着他的。"

梅生，这个名字在平芜的心上缓缓地划过，像烟花璀璨盛放，继而又落入无边的黑暗中。她来这里不就是为了寻找梅生吗？只是不知道，洛琪的梅生还是不是她的梅生。

平芜愣神的工夫，洛琪已经顺利解锁了一辆小黄车，说："平芜姐姐，你会骑单车吗？"

听到洛琪的声音，平芜回过神，来到另一辆单车旁，半真半假地回答洛琪的问题："真是巧啊，教会我骑单车的人也叫梅生。"

听了这话，洛琪愣住了，过了一会儿才说："那正好，你先跟我回客栈看看，要是你想找的梅生不在这里，就不用在苏州浪费时间了。"说话间，两人骑着单车向客栈前进。

平芜看了看身畔的护城河，笑着说："那怎么能行，我是来赢酸枝木箱子的，嫁妆还没拿到，我怎么能走？"

十天前，还在日本镰仓的平芜在网上看到一个帖子："苏州瓦蓝客栈招义工，男女不限，包吃住。如果能讲一个月跟苏州有关的故事，送一只酸枝木箱子给你当聘礼/嫁妆。"帖子落款，正是梅生。

十年出逃，白云苍狗，兜兜转转，平

她这么喜欢他，为了他，不惜从上海来到苏州，卖了父亲前年送给她的名车，开了这家客栈，到最后只得到他一句“洛琪，我不值得你为我浪费时间”。

芜终究还是回到了苏州。她不知道那只箱子是不是当年梅生祖母赠她的那只，却知道要听故事的人一定是梅生，她的梅生。因此，她决定再回来看一看这座温柔的城市，她记忆里那座小小的，能用步伐丈量出来的姑苏老城，她和梅生一起长大的故乡。

···2···

在平芜的记忆里，她家后面那条叫山塘的街，跟老城里其他街没什么分别，名字无外乎像是从梅生的《唐诗宋词选》里翻出来的，葑门街、越溪街、桃花坞街……不过是名字好听而已。每次她这么说时，梅生总是不屑地白她一眼。那一年，她才8岁，成日里就只知道惦记着吃桂花糕。而9岁的梅生却是巷子里远近闻名的神童，大人们都说，陆家还能再出个新时代的状元。

听外婆讲，陆家单在清朝就出过三个状元呢。当时的平芜却在心里悄悄嘀咕，原来梅生不姓梅，他姓陆啊。梅生姓什么对平芜来说并不重要，她只要知道这个自小就住在她家旁边的哥哥愿意领着她玩就好。

春天的时候，平芜的口袋里装着外婆做的青团，梅生牵着她路过樱花树，看过木兰花，去太湖畔奶奶家的草莓地里摘一小筐新鲜的草莓。回去的路上，平芜盯着草莓，嘴里不停嘀咕：“陌上柔桑破嫩芽，青旗沽酒有人家。”梅生听到这里忍不住伸手敲平芜的头，说：“背了两天还会错，我看你是不想吃腌笃鲜了。”

一听到吃的，平芜就立马打起精神重新背。“‘醉里吴音相媚好，白发谁家翁媪’……后面是什么来着，梅生哥哥？”这时已是盛夏了，小巷里抬起头来根本见不到大片的阳光，高大的梧桐树把巷子遮得严严实实，平芜最喜欢躺在藤椅上听梅生念书，小日子简直赛神仙，除了树上不知道何时会“吧唧”一下掉落毛毛虫。

梅生却不愿意留在巷子里听祖母讲光宗耀祖之类的话，他总是喜欢骑单车去逛园子。现如今人们常提起的留园、朴园、沧浪亭、天香小筑，那都是少年梅生平日里的消遣处。满园翠生生的绿色里，有芭蕉的地方就有梅生，梅生画芭蕉乃是一绝。

另一绝便是教平芜骑单车，已经12岁的小少年这么多年来被邻家好吃贪玩的小女孩磨得一点脾气也没有，硬是手把手扶着平芜学会了骑单车。所以，比起其他或多或少摔过的孩子，平芜学骑单车简直是如有神助。

讲到这里，平芜停下来喝了口茶，客栈里凑过来听故事的年轻人，说平芜的故事编得逻辑不够严谨。学习成绩常常倒数，背首诗都磕磕绊绊的笨丫头，怎么可能轻松学会骑单车呢？

平芜笑而不答，她看着对面仿佛是在听别人故事的梅生，心里恍若碰洒了一杯柠檬汁。

自然是因为那个叫梅生的小少年，他说如果她摔倒了，在后面给她扶着车的他也会摔倒。平芜哪舍得他受伤呢？她宁愿自己受伤，也不想梅生有半点难过。

可是如今，她到客栈两天了，他们却连一句话都没说过，对面相逢不相识，这应该是青梅竹马最痛的领悟了。

···3···

转眼间，平芜在客栈已经待了一个星期，来讲故事的人并不少，唯独她的故事里满是老苏州城原本的模样，每天晚上都会有人起哄要平芜接着讲后来的故事。

后来？后来秋日桂花满城香，15岁的少年看起来白净斯文，却总是爬上横跨两家院墙的那棵桂花树，去给贪吃的平芜采桂花。

“梅生，你为什么对我这么好呀？”平芜已经长到知羞的年纪，平素里被同学们打趣时，两只耳朵都会立刻变得红通通的。

先把竹筐递下来的梅生随后也从树上跳下来，拍了拍手上的灰，冷淡反问：“作业写了吗？字练了吗？上次月考的卷子为什么不拿给我看？是不是又不及格？”

一串问句用下来显得霸气十足，可怜了等着梅生表白的平芜，只能“嗷”的一声蹿回屋子里，连树下的桂花都忘了拿。梅生看着平芜的背影，倒是温柔地笑了，这一笑真像“千树万树桂花开，疑是天宫散雪来”。

苏州的冬日，雪落得并不多，整个姑苏老城依旧是青葱苍翠的模样。平芜嚷嚷了好多天要去天平山看红叶，梅生却依旧坚持，说：“你什么时候数学考及格了，我就领你去天平山看枫叶。”

平芜快把铅笔咬断了也没解出数学卷子上的数列题，于是索性走过去看梅生练字。他写“唯有别时今不忘，暮烟疏雨过枫桥”，平芜不解其中意思，梅生反问：“只能用一个词来形容苏州，你会用哪个？”

“温柔，”平芜脱口说了这么一个词，继而补充道，“我们的苏州跟你一样温柔，温柔到我觉得这么多年都像活在梦里。”

梅生看着平芜又悄悄红了的耳朵，心思一动，走过去捏了捏，处于变声期的声音有些粗粝：“我倒是觉得苏州适合用来道别，无论是在哪里说再见，此生都不容易忘记。苏州的确温柔如水，任谁都会觉得遗忘了它，就是天大的亏欠。”

那一日，十分迷信的平芜逼着梅生说了好几遍“呸呸呸”,还在书房里转着圈祷告“童言无忌，诸神莫怪”。分别总是让人不喜的，只是那时平芜和梅生都不知道，“一语成谶”这个词从来就不是为了让人圆满而生的。

变故发生在平芜17岁那年，她读高二，梅生读高三，平芜从学校回来就看到平日里安静少言的母亲发了疯似的去撕打一个男人。周遭乱哄哄的，吊车横在小巷里，她住了17年的家成了一片废墟，那棵她和梅生合抱都抱不过来的桂花树也被人拦腰砍断。

命运下了一盘大棋。梅生的父亲一直在工业园区发展，很少回老街这边，但是他率先响应了拆迁的号召，只为了不菲的拆迁补偿费。两家院落紧挨，要拆必定是一起推掉，他劝不动不想搬离老宅的平芜外婆，就纠集了一群人来闹事，推搡间，平芜外婆突发脑溢血离世。

平芜讲到这里就停下了，这一次听故事的人都静悄悄的，而外面喧嚣的山塘街像是跟这家客栈分属两个世界。洛琪递给平芜一张纸巾，才发现她的眼睛明亮而空洞，看不见一滴泪水。

···4···

平芜起身朝门外走去。夜晚的山塘街真是不讨喜，十年前，她一走出门就能看到街坊们三三两两地在树下纳凉，小孩子满街撒丫子跑，大人也不会担心。而如今夜色繁华却沁凉如水，儿时的无忧无虑终究回不来了。

察觉到身后跟上来的人是谁，平芜把大拇指用力地攥进了掌心里。"我以为你这辈子都不敢跟我说话了。"平芜幽幽开口，尽管努力克制，却还是带了几分幽怨的意味。等了半晌，身后的人还是没有开口，平芜转过身去，才发现她方才不敢流的泪都在他的眼睛里翻滚。

17 岁那年，梅生也是这样一声不吭地站在路旁，看她从断壁残垣里翻拣外婆的遗物，看她红肿着双眼哭泣，却不敢上前，哪怕只是给她一个安慰的拥抱。

冷静下来的平芜母亲说，外婆祖籍其实是在辽宁沈阳，苏州太湿冷，她们要带她回故里。直到离开，平芜终究也没等到梅生跟她说句再见。她怨他，却不是为了外婆的死，母亲说过："生死有命，与其去怨恨，倒不如放下。"她怨他，是因为他连句再见都不跟她说，于是这么多年，他就成了扎在她心上的一根刺。

贪吃好玩的小女孩遭逢巨变，一夕成长，她在那座冬日漫长、有着漫天飞雪的城市重新安顿下来，那座城市热情又蓬勃，比起婉约温柔的苏州更让她深爱。

是的，平芜不爱虎丘的竹林茶树，因为梅生曾经牵着她，给她讲过每一盆珍稀的盆景。她也不爱被游客们推崇的苏州博物馆、吴门书道馆，因为那是她闭着眼睛都能辨听出他方位的地方。那些散落在姑苏古城里的园林，更像是她年幼无知的见证，见证了她曾经深爱过一个懦弱逃避的少年。

从来没见过自己父亲的平芜，一直以为梅生以后会是一个好父亲。情窦初开的年华里，她无数次幻想过将来他们生儿育女会是怎样的光景。他会带着他们的孩子踏遍姑苏城的每一处角落，说："你看，这是我和你妈妈小时候来过的地方。"

梦醒时分，平芜笑着擦去了脸上的泪痕，她忽然想到自己当年给出的答案并不对。苏州的一面是温柔，另一面却是冷厉。深爱苏州城的老人们，自是能感觉到这座城市温和安逸的柔软内里，初来乍到的外乡人却习惯不了冬日里那刺骨的寒冷。就像梅生一样，他待她好的时候，恨不能把她变成小小的人儿放在手心里，他转过身后，却决绝得头也不回。

"梅生，你究竟要我怎样呢？"平芜喃喃自语。

梅生听到平芜问出这一句，只觉得早已千疮百孔却拼命黏合的心哗啦啦地碎了一地。他能怎样呢？他不能告诉平芜，她的母亲曾经声泪俱下地求他不要再跟她联系，毕竟他们之间隔着平芜外婆的死亡；他不能告诉平芜，他这么多年都靠着从前的美好回忆活着，只盼后来的仓皇分离都是梦一场。

可他不是神，只是个再平凡不过的普通人，他无法预知当年的事，拦住丧心病狂的父亲，也无法劝慰失去至亲，变得冷漠、固执的平芜母亲。他只能借由网络世界的联系，去探寻平芜行过的路，尝过的食，还有爱过的人。

他知道这一生自己只能是她爱过的人了，他们之间也只能到此为止了。“我把祖母留给你的酸枝木箱子给你做嫁妆，好不好？然后我们放过彼此，重新来过。”梅生说出这句话时，觉得悬在自己心上多年的石头总算落了地。是谁在歌里唱“放开手是我最后的温柔”，既然如此，那我便放你走，我最后的温柔也请你全部带走。

5

平芜是连夜离开苏州的，故事还没讲完，她却已经得到了讲故事的酬劳。这一次，平芜没像少年时那样哭得泣不成声，她给足了梅生机会，从 MSN 到 QQ，再到微信，从 QQ 空间再到朋友圈，她假装成热爱在网络世界分享生活点滴的网瘾少女，她空着一颗心等曾经深爱的少年先开口，却等来了一个仓皇写就的结局。

十年了，平芜和梅生的故事早该到此为止，是她不甘心，做了场春秋大梦而已。

是夜，客栈真正的老板，22 岁的洛琪坐在吧台边无聊地转着酒杯。这时，梅生提着行李走过来道别，他也要离开这座自己生活了 28 年的城市。

连着听了几晚故事的年轻人围过来，安慰似的抱了抱梅生。他们这些听故事的人都觉得无可奈何，故事里的人又该如何是好？

“你用这样一个荒唐的理由就能把她骗回来，为什么不留住她呢？”洛琪望着梅生的眼睛开口问道。

梅生望向远处，说：“我不想她的后半生都要在爱情和负罪感里纠缠拉扯，即便没有我，她也能找到属于自己的幸福。”

平芜走了，梅生也走了，洛琪把客栈门前的小黑板拿进来，写上“天平山赏红叶一日游，想去的人请联系洛琪”。刚刚拥抱了梅生的年轻人走过来，说：“这个时节，树叶不是还没完全变红吗？”洛琪无声点头，她只不过想替梅生去看一眼红叶罢了。

年轻人顺势坐过来，好奇地问：“你也喜欢梅生？”

洛琪想起那个在医院里初见时穿着白大褂神情冷淡的英俊青年，无奈地摊手说：“谁能不喜欢陆梅生呢？可惜他只喜欢平芜。”

她这么喜欢他，为了他，不惜从上海来到苏州，卖了父亲前年送给她的名车，开了这家客栈，到最后只得到他一句“洛琪，我不值得你为我浪费时间”。

年轻人也一脸无奈，洛琪喜欢梅生，他喜欢洛琪。苏州，真是个容易让人遇到情劫的地方。

“你知道梅生为什么会选择我的客栈吗？”

“因为这是那棵桂花树曾经生长的地方。”

“你知道我为什么要留在苏州吗？”

“因为这是他长大的地方。”

洛琪在自问自答，年轻人心想，有人爱苏州温柔平和，有人恨苏州冷厉如刀。这世上有爱就会有恨，苏州其实本来只是座吴侬软语声声入耳、园林星罗棋布的小城，只是来这里的人多了，苏州便成了故事里的传奇，传奇里的人却从未察觉。

一个人的行走范围，就是他的世界。

一场海拔三千七百米的心动

✽既　禾

一

路过无数个茶馆招牌，穿过无数个藏式小巷，我一度迷惑陈枭到底要带我去哪儿喝茶，怎么也没想到，我们最终钻进了这家不起眼却让我感到很亲切的小茶馆。

时隔多年，这里的风格还是没变，不挂招牌，没有固定的营业时间，屋子里昏昏暗暗却一尘不染，门口偶尔走过两只慵懒的狗……只是，是从何时起呢？那排木阶开始咯吱咯吱地响，那个曾经爱上内地来的流浪歌手的漂亮老板娘怀里抱起了娃娃。

“这是我最喜欢的茶馆，不敞亮，却有足够的历史味。”见我望着远处出神，陈枭以为是好奇，便自顾自地为我介绍，“老板和老板娘曾经的爱情故事，很传奇的。”

我看着陈枭，波澜不惊的双眸中游弋着点点星光，平日里淡漠疏离的他，此刻表情里满是柔情和认真。但他并不知道，这方小小的天台，曾经盛放了我多少个假日的午后啊。我微微地笑着。

“其实，就算天黑都不害怕的野马，总有一天也会回家。”

我被陈枭突然而来的深情吓了一跳，他仓促地掩藏起眼底闪烁的星点，略显尴尬地打岔道：“喝什么？”

“酥油茶。”我答。

“内地过来旅游的姑娘都喜欢甜茶而喝不惯酥油茶，你倒偏偏喜欢。”他说。

“当年第一次进藏有些高反，爸爸就煮酥油茶给我喝。一来二去就成了习惯。”而我，恰恰是个极其依赖于习惯的人。

“当年？”陈枭惊讶。

“对啊，真快。”记忆如同老电影一样，带着时光的斑点在脑海里闪回——

爸爸做地质工作，比起那个高大上的“工程师”称谓，他更喜欢我叫他“大自然的搬运工”。青藏铁路建设的尾声，他被调进藏地工作，妈妈带着刚刚小学五年级的我也跟着他迁徙了过来。那时，我白天在一小和藏族的小孩一起学些知识，晚上妈妈陪着我看课本，节假日就钻进这家茶馆，眺望着热闹的八廓街等爸爸回家。

“难怪。”陈枭说。

我并没有给他讲我曾经的经历，也不知道他“难怪”的是什么，但我没有问，藏地的阳光直直地照着，整个拉萨的韵律却不似这阳光炽烈，只像温和空旷的大海，让人不自禁地舒展四肢想融入它，多说句话都是浪费。

“我爱拉萨很深。你信吗？”许久后，我问陈枭。

遇见陈枭，是在我昼思夜想的大昭寺。

抵达拉萨的当天，我找到了那家“拉漂”们口口相传的小书店，不过书店老板不在，我便直接上了二楼，在青旅放下行李，顾不得二十多个小时的舟车劳顿，抬腿就迈进了八廓街，迈向了大昭寺。

如今回到这座城，就像回家般轻车熟路又顺理成章。

都还是老样子，平顶的白色楼房鳞次栉比，黑框门窗上装饰着素雅的短帘，五彩经幡飘飞楼顶，每走一步，都忍不住发呆一天。我想，如果把布达拉宫比作纤尘不染的神祇，八廓街一定就是世俗烟火中的老者，穿行在衣食住行中，忙碌在柴米油盐里，心里却似乎装着万卷经书，在尘世中凝神，博大、质朴、接地气，又自带超脱。

大昭寺也丝毫没变，金黄的寺顶和大红的围墙，金黄的佛像与大红的帷布，在一片艳丽中尽显威仪。我不禁五体投地，双手前伸，磕了个长头。

大概，也只有在这座城，大红大黄不会显得俗气，反而是一种炽烈与博大；只有在这座城，匍匐在地不会引来异样的眼光，反而是一种极尽虔诚而震慑人心的力量。

我再一次来到了大昭寺，却没料到比起几年前，这里的人突然多了起来。祖国各地乃至世界各地的游客，穿着不同的衣服，操着不同的方言，蜂拥在小小的宫殿。空气让人窒息，我忙不迭地逃到了寺顶平台，遥望着远处的布达拉宫，舒了口气。

那是我第一次见到陈枭，虽然当时并不知道他姓甚名谁。

当时他就坐在金顶的角落，盘着腿，伸出手指，隔着空气，缓缓描摹着眼前金顶斗拱和碉楼雕梁的轮廓，神情肃穆，与旁边疯狂自拍和殿宇中走马观花的游客对比鲜明。

我看着他纤长的手指，一时有种情不自禁的感动。

许是被人凝视得莫名其妙，他微微扬起头看向我，只是，眼神中没有愠怒也没有疑惑，而像大昭寺缭绕的香火，平静、舒缓，浅淡得风一吹就散。

他起身，我转身，各自离开。未寒暄，未搭讪，美好的风景谁忍心写下“到此一游”呢。

那晚，我都记不清自己绕着八廓街转了几个圈，直到华灯初上，才恋恋不舍地回到住处。青旅楼下的书店亮起了暧昧的黄色灯光，它的老板手执毛笔，案上放着一本大大的《九成宫碑》，抬眸看我，有香火一样波澜不惊的双眼。

我怎么也想不到这再次的相遇，莫名其妙的缘分，比突发的灾难还让人惊诧。

“陈枭。”

“陆既禾。”

省去了所有烦琐而多余的文字，简单到极致的自我介绍。有白天的一面之缘，再相逢本该讶然欣然，可是在那双眼睛面前，好像所有的情绪都淡去了。

他愣了一下，随即点了点头，笔入砚中，继续埋首临帖，我浏览着贴在墙壁上的火车票、明信片与架子上的书。

这里的书很特别，不多，不全，要么是经典老书，要么小众冷门书，在书架的角落，有一层放着的几本书是同一个作者，旁边有一叠厚厚的杂志，翻开来也都能找到那个作者的文章，署名，枭。

我后知后觉地回过头：“陈枭，哪个枭？”

“就是你手上的那个‘枭’。”

“哦。”

我曾在很多的杂志上看到过那个叫“枭”的作者的专栏，他在一篇文章写道：他打着毕业旅行的名义逃出了父母的庇护，在每一座喜欢的城市开一家小店，短暂停留继续向前。记得那个时候，我对动荡不安的执着，男友对盛世安稳的追求，一度让我们陷入争执以及冷战。所以，我写信给那个叫“枭”的作者，无头苍蝇般问他旅行的意义。我没想到已经小有名气的他回复了我，一手漂亮的小隶。他说，或许有时候，柴米油盐和人情世故，会变成岁月寄给你的必须签收的礼物。不过，做你想做的事，成为你想成为的人，那些和你又有什么关系呢。最后，他誊了一句北岛的诗：一个人的行走范围，就是他的世界。

世界可真小。

“怎么？有读过？”陈枭见我出神，淡淡问道，眼角挂着一丝意味不明的浅笑。

我知道，有些伤口只适合自己在暗夜里舔舐，每一次展示给别人，都是一次撕裂；每一次试图缝补，都要承受又一次穿刺的痛。所以，相关的往事，暗自咀嚼便好。

“没有。”我义正词严。

三

第二天下楼时，陈枭正伏案往明信片上写字。有香火一样双眸的大男孩，漂亮的毛笔小隶，墨香和奶茶香缠绵在一起，有种美不胜收的温情。

“在干吗？”在与人交流上向来笨手笨脚的我明知故问。

“帮青旅老板的忙。”他抬头，言语温

和，“还差十几张，帮我一起吧。”

他递给我一支钢笔，我戏谑地“哼”了一声，拿起了他放在一旁的毛笔，暗想，好歹是练过几年小楷的。只是，提起笔，苦思冥想也不知道要写什么，最后把自己个性签名的句子搬了上去。

——世界这么大，总有人陪我喝酒，骑马，浪迹天涯。

这是我和前男友分手后再也没换过的个性签名。写完，我苦苦地笑了。

一旁的陈枭悄无声息地递给我一张邮票，依旧声音清浅："寄出去吧。”

“寄出去？呵呵，他会让垃圾桶代他签收的。”我笑。

“寄给你自己，回去收到之后，也就该翻篇儿了。”他认真地说。

我愣了许久，或许是该翻篇了吧，然后木讷地掏出钱来递给陈枭："那算我买下咯。”

我执意付款，陈枭执意不收："我现在没有零钱找给你。”

最后，他拗不过我，从抽屉里拿出了一沓捆得整整齐齐的一角钱，然后递给我说："那把这个给你好了。”我接过那沓带着他手掌余温的整齐的毛票，记忆又像经历了时光穿梭——

从前在拉萨生活的时候，爸爸每次都会把超市找回的零钱收集起来，隔一段时间就会给我一沓毛票。那时候他告诉我，乐善好施是藏民的传统价值观，遇见磕长头的人、乞讨的人，就上前递上一张毛票，以示供养，以敬佛法。那些年，我每次出门都会在小口袋里装上它们，给乞丐、放在神庙，嘴里嘟囔着爸爸教给我的“一毛一块都是善缘”，双手递上去，心里格外踏实。离开拉萨的日子里，我也曾无数次想过，要是在别的城市，给乞丐或是放到景区一毛钱会是什么情景。这也是我始终对藏文化有着数年如一日的热忱的原因之一。

我看着手中的一叠毛票，想象着陈枭一张一张收集起它们的样子，心底蓦然有股激荡的暖意。

那天下午，我和陈枭一起出门。

“你去哪儿？”我问。

“随便走走。”他答。

“不锁门吗？书怎么办？”我问。

“这儿是拉萨。”他看着我浅笑。

是啊，这里是拉萨。每个人都在认真地生活认真地爱，谁会因为觊觎不属于自己的物质而玷污了心底的那份澄澈呢。

我们一起上了公交车，一起在拉百站下了车，我向北去布达拉宫，他向西不明行踪。

从布达拉宫出来吃过饭，已经是下午，我游荡到广场，竟然意外地发现陈枭正坐在那里喂鸽子。我也买了几袋玉米粒坐了过去，他抬头笑笑，没说话。

在冗长的沉默中，蓦地想起了梅特林克的一句话：沉默的性质揭示了一个人的灵魂的性质，在不能共享沉默的两个人之间，任何言语都无法使他们的灵魂发生沟通。而前男友对我忽然而至的沉默的评价是：喜怒无常。

或许，这便是我们分开的原因吧。

藏地的风淡淡地吹过，带着这里固有的纯净。我的心就像浸在温润海水里，又真实地向下沉，对这里说不清道不明的情愫，也着实加深了一分。

想着想着，有些失神。小袋子里的玉米粒不小心撒了一地，见惯了游客不太怕人的鸽子们试探着围了过来。

“还放不下吗？”声音清浅。

“哈哈哈，早就不记得了。”我一愣，然后装作毫不在意的样子。那一瞬竟然没有意识到，他是如何洞悉了我的心事。

“可是我还没有说是谁啊。”他狡黠一笑，却意味深长。

我哭了。

却不仅仅为往事。

四

假期接近尾声的时候，便愈发地留恋这里，于是临时决定了一场“公交之行”，再好好打量打量这座已经种进我生命的城。

“去哪儿？”

“坐公交车。”

“等我。”

“好。”

住在青旅的这些日子，老板娘每晚都会组织大家一起活动，因为都不怎么擅长与人交流，我和陈枭无形中形成了坚固的情谊，渐渐也便熟悉了。似乎一起出行，也是再自然不过的相约。

那个清晨，我们一起踏上了第一班公交车。当玻璃车窗把橘黄色的路灯拉成弧线，窗上的灰尘让灯光变得模糊而温情时，我竟然稀里糊涂地被这景色感动了，然后稀里糊涂地晕车了。

我们坐在公交车的最后，我晕晕乎乎地把窗子开了一个小小的缝隙，然后闭上眼，想缓和一下。

“下车走走？”陈枭看出了我的不适。

“不。”大概他也看到了我的固执。

公交车的发动机就在我身旁窗子的下面，每次车子重新启动，就会有一阵热风夹杂着汽油味从窗子飘进来，我闭着眼趴在前面座位的靠背上，忍不住伸手掩了掩口鼻，却懒得起身换一个座位。

不过，这股热浪只出现了一两次。

是陈枭。他把手从我的身后搭在了车窗上，每次车子启动前，他都悄然把窗子关上，当车正常行驶时，再打开缝隙让风进来减轻我的晕车。

因为头晕恶心，我没有力气起身表示感谢，但即便趴在那里，我依然清楚地感受到，在那班二十多站的公交车上，车停了几次，他就关了几次窗。

我继续装作睡着的样子，但那一刻，胃里在翻腾，心里也在翻腾。所有讳莫如深的情绪泛滥，刹那成不系之舟。

那天中午我们结束了这次被晕车毁掉的出行，临下车，他说：“有时候，或许并不是非他不可，而是你已经适应了他的好与不好，而且不愿再去了解一个新的人，去重新接受你不喜欢的地方。”

一语中的。

我转头问陈枭：“你怎么知道？”

“几年的专栏，可不是白写的。”他玩笑道，随即严肃了起来，“其实，从前我也是这样。不过……后来遇见了你。”

藏地的海拔很高，所以氧气很稀薄。在这里，随意地跑跑跳跳，就会呼吸不畅，“怦然心动”。这次是怎么了，明明没有跑也没有跳，心却怦怦乱跳。

完蛋了。

我“嗖”地站起身准备落荒而逃，结果该死的低血糖让我眼前一片黑，不得已走两步又蹲在了地上。

我听见他在身后说话，声音依旧清浅，却掷地有声——

“你明明早就明白旅行对你的意义，当初何必让你那很丑的字跋山涉水来到我面前。给我发邮件发私信的读者有很多，但用毛笔写信的只有‘既禾’一个。”

那天晚上，无聊刷手机的我发现，很久没有更新博客的陈枭竟然新写了一篇小短文，我在这里看过他记录曾经的旅行，旁观过他轻描淡写地提及“旧爱”，也心悦诚服地拜读过无数篇专栏文章，但这一篇，是我唯一删掉了访问足迹的。

他写：小学的时候，老师让我们在课堂上写作文，我的作文马上写完的时候，老师说：“你的字太潦草。”然后撕掉让我重写。那一刻，我虽然记得开头和内容，但我再也不想写了，因为那篇文章花了我太多的精力，就差一个结尾，却要从头来过。后来啊，我觉得我的字永远都是潦草的，所以我再也不肯写作文。可是有一天，几个漂亮的小楷走进了我的世界，那么精致，那么接近我的灵魂，我在想，什么时候我可以把那篇文章工整地重写呢，结尾一定很棒吧。

小短文就这么突兀地结尾了，但在博客的最下面，更唐突地写了一行小一号的字：你相信爱吗？

删掉访问痕迹后，我怎么也睡不着。看着拉萨那片夜空自言自语：“我何尝不相信爱，只是，我不相信自己有那么好的运气拥有它啊。”

五

临走的那天，如我所料，陈枭安静地坐在楼梯旁。

“写两句话吧，留个纪念。”他的双眸依旧像大昭寺的烟火，清清浅浅，仿佛所有的情绪，风一吹就散。

他递给我一沓明信片让我挑，每一张都是他自己拍摄的照片做成的。没有高大恢宏的建筑，也没有色彩纷呈的热闹，只是澄澈的湖、可爱的狗、静默的幡、美好的风马、老旧的转经筒……那一刻，我有些暗喜地觉得，我们区别于众人，拥有着一个共同的独特的拉萨。

和相遇那次一样，我们埋首在那家小小的书屋，我的小楷，他的小隶，彼此无言地交换，像终结了一场长梦，梦醒后，该彬彬有礼地告别了吧。

我回头看着这家与众不同的小书屋，一种不舍竟然刹那喷薄。

“几点的火车？一起吃个饭还来得及吧。”陈枭轻声说，像是洞悉了我的心事。

“好，玛吉阿米吧。”我看着眼前的他，吐出简单的几个字，却像说出一个秘密般忽然脸红了。

小餐厅玛吉阿米如今名扬四海，我们排了好久的队才买到了我垂涎已久的食物，我们静默地坐在聒噪的人群中，桌子上的两份八宝沙拉像沧海隔绝着，两个人各成彼岸。

记得从前在拉萨生活的那些年，我从

妈妈的睡前故事中听到了仓央嘉措的故事，不懂情爱的年龄，却也被那些温情感动，甚至可以随口背上几句并不完全懂的情诗。得知玛吉阿米就是仓央嘉措情人的名字，而这座黄色的小楼就是他们幽会地的时候，我好奇地跑去了这家漂亮的小店，并自此爱上了这里的八宝沙拉。那时候，青藏铁路还没有开通，拉萨的旅客也并不像如今这般蜂拥，我不需要排队就可以买到好吃的八宝沙拉，然后坐在二楼靠窗的位子，兴致盎然地看着街上走过的行人。我喜欢拉萨，喜欢玛吉阿米，喜欢磕长头的朝拜者，喜欢每一个在这里精致地活着的人。

几年之后，我开始不断地远行，不断地离开，见过了很多城市的人，才忽然了然，拉萨于我那份偌大的吸引，不过是那份种植在拉萨人骨子里的一蔬一饭的天长地久，那份内容微小但却不失其隽永的美。从那时起，我对人生一切可爱的细枝末节多了一分极其炽烈的执迷。

记得离开拉萨的那年，我 13 岁，对“爱”依旧近乎一无所知，但我在最后一次离开玛吉阿米的时候，还是在留言簿上笨拙地写下了：如果有一天爱上一个人，一定和他来吃八宝沙拉。

想起往事，自己竟然一惊。爱上了吗?或许仅仅是心动? 但又有什么关系呢，你的情绪你不说，我的秘密我不讲，吃完这份沙拉，就做完一个年少时的梦。

这里是拉萨，这里海拔很高，每个从平原而来的人都会格外小心翼翼。

这里有成长，这里青春凉薄，被爱刺伤的人不敢把萍水相逢当命中注定。

六

火车票上的时间就像冷冰冰的判决，宣判着一场说不清情绪的离别。我假装轻松地撇下一句“走啦”上了公交车，他甚至还没来得及说一句“一路顺风”，但眼底依旧含笑，像大昭寺缭绕的香火，平静、舒缓，浅淡得风一吹就散。

公交车上，我又坐在了发动机上面的位置，汽车启动，依然有一阵带着汽油味的热气迎面扑来，这次没有人把手从我的身后伸去关窗。手指有些颤抖，我从背包里翻出了刚刚陈枭写给我的明信片，本想给自己一个潇洒告别的理由，却一刹那被窗口钻进来的热浪呛得泪流满面——

“你觉得感情不靠谱，我就靠谱给你看；你觉得我们离得很远，我就走到你身边；就算有一天你厌倦了漂泊，我也会变成不再垂涎自由的鸟，在你的笼子里陪着你衰老。”

七

拉萨，是一座充满了蛊惑的城市，很多人在未曾亲临的时候就知道自己这一生是一定会去拉萨的，并在离开时清楚地知道自己一定会再回来的。我也一样。或许，我下次归来的理由，是拉萨，更是一场海拔三千七百米的心动。

其实，在感情上，我们永远都是还没长大的孩子，小心翼翼，诚惶诚恐。你会等我的吧，当你看到那句我曾无数次写进我的小说中的话——

“给我一个漂泊落拓的长梦，我做你风尘仆仆的新娘。”